처음
세계사

처음 세계사

④ 여러 문화권의 충돌과 변화

초판 1쇄 인쇄 2015년 2월 27일
초판 3쇄 발행 2021년 2월 19일

지은이 초등 역사 교사 모임
그린이 한동훈, 이희은
감수 서울대학교 뿌리 깊은 역사 나무

발행인 양원석
편집진행 이상희
마케팅 윤우성, 박소정
펴낸곳 (주)알에이치코리아 | **주소** 08588 서울시 금천구 가산디지털2로 53, 20층(한라시그마밸리)
편집문의 02-6443-8921 | **도서문의** 02-6443-8800 | **팩스** 02-6443-8959
등록 2004년 1월 15일 제2-3726호

ISBN 978-89-255-5554-6 (64900)
ISBN 978-89-255-5280-4 (세트)

어린이제품 안전특별법 표시 사항
제품명 도서 | **제조자명** (주)알에이치코리아 | **제조국명** 대한민국 | **전화번호** 02)6443-8800
주소 서울시 금천구 가산디지털2로 53, 20층(한라시그마밸리)

알에이치코리아 홈페이지와 블로그, SNS에서 자사 도서에 대한 더 많은 정보와 이벤트 혜택을 확인할 수 있으며,
전자책도 만나볼 수 있습니다.
홈페이지 http://rhk.co.kr | http://ebook.rhk.co.kr **페이스북** https://www.facebook.com/rhk.co.kr **블로그** http://randomhouse1.blog.me
유튜브 http://www.youtube.com/randomhousekorea **주니어RHK 포스트** https://post.naver.com/junior_rhk **인스타그램** @junior_rhk

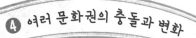
④ 여러 문화권의 충돌과 변화

처음
세계사

초등 역사 교사 모임 글 | 한동훈 · 이희은 그림
서울대학교 뿌리 깊은 역사 나무 감수

주니어 RHK

타임머신을 타고 떠나는 세계사 여행

　세계사 속에는 아주 많은 인물과 사건이 담겨 있습니다. 그래서 어린이가 너무 복잡하고, 어렵다고 생각하여 쉽게 포기해 버릴 수도 있지요. 하지만 세계사가 꼭 복잡하고, 어렵기만 한 것은 아닙니다.

　넓은 땅을 정복한 알렉산드로스 대왕의 이야기, 초원의 황제 칭기즈 칸의 이야기는 한 편의 영화 같은 흥미진진한 모험담이기도 합니다. 그뿐인가요? 우리와 가까운 이웃 나라 일본과 중국의 이야기는 친숙하고 흥미롭습니다. 조금은 먼 나라여서 낯설기도 하지만, 그만큼 신비하고 새로운 페르시아와 아프리카의 이야기도 있지요. 세상 어디에 내놓아도 자랑스러운 한글을 만든 세종대왕, 목숨을 걸고 나라를 지킨 안중근 의사의 이야기는 애국심과 감동도 느끼게 합니다.

이 모든 사람과 나라가 어우러져 만들어 낸 이야기가 바로 세계사입니다. 〈처음 세계사〉는 이 이야기를 동화처럼, 옛날이야기처럼, 영화처럼 신 나고 흥미롭게 풀어서 보여 주지요. 세계사가 복잡하고, 어렵다는 생각을 잠시 내려놓고 책을 펼쳐 보세요. 세상 그 어떤 이야기보다 재미있는 이야기를 만나 볼 수 있을 거예요.

세계사는 다른 나라의 이야기가 아니라 곧 '우리'의 이야기입니다. 오늘날 우리는 하루 이틀이면 지구상의 어느 곳이든 갈 수 있는데다가, 우리가 살고 있는 지금 순간순간이 내일의 세계사가 될 테니까요.

역사는 흔히 미래를 내다보는 거울이라는 말이 있지요. 우리는 곧 더 넓은 세상으로 나가, 때로는 그들과 경쟁하며, 혹은 큰 목표를 함께 이루기도 할 것입니다. 그리고 우리가 알고 있는 역사가 교훈이 되고, 안내자가 되어 넓은 세상으로의 길을 함께해 줄 것입니다.

자, 이제 타임머신을 타고 세계사를 여행할 시간입니다. 〈처음 세계사〉를 통해 오늘날 우리의 모습과 내일을 찾아보세요!

초등 역사 교사 모임

처음 세계사

〈처음 세계사〉는 초등학교 선생님과 동화 작가 선생님이 어린이가 세계사와

친해질 수 있도록 쉽고 재미있게 풀어 쓴 세계사 이야기입니다.

재미와 정보를 주는 그림과 사진, 쏙 빠져드는 이야기로 실제 역사를 모험하듯

세계사의 전체적인 흐름을 자연스럽게 익힐 수 있습니다.

이 책의 구성과 활용

역사 속 인물이 직접 전해 주는
이야기를 통해 당시 시대적 특징을
재미있게 알아볼 수 있어요.

역사 속 사건과 유물, 인물 등을
그림과 사진으로 함께 구성하여
친절하게 설명했어요.

깊이 보는 역사 페이지를 통해
각 장의 내용을 한 번 더 정리하고,
본문에서 미처 다루지 못했던
흥미로운 이야기를 들려줍니다.

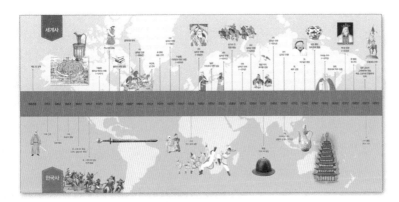

중요한 사건들을 연표를 통해
한번에 파악할 수 있어요.
각 나라와 시대를 대표하는 유물 사진과
그림을 보며 세계사의 흐름을 익혀 보세요.

차례

1장 중세 유럽의 십자군 전쟁

2장 중세 유럽의 발전과 몰락

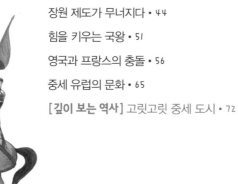

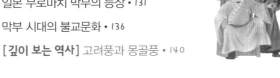

1장 중세 유럽의 십자군 전쟁

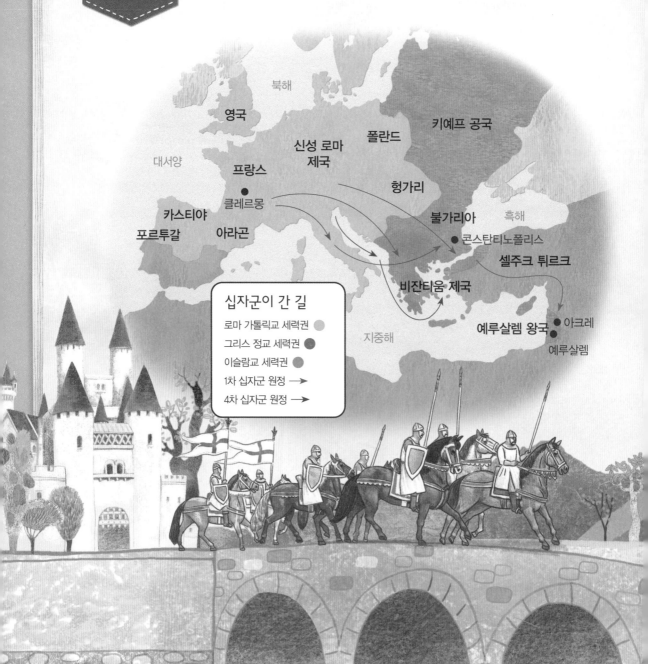

북해

영국

키예프 공국

폴란드

신성 로마
제국

대서양

프랑스

헝가리

● 클레르몽

불가리아

흑해

카스티야

포르투갈   아라곤

● 콘스탄티노폴리스

셀주크 튀르크

비잔티움 제국

예루살렘 왕국 ● 아크레

지중해

예루살렘

십자군이 간 길
로마 가톨릭교 세력권 ●
그리스 정교 세력권 ●
이슬람교 세력권 ●
1차 십자군 원정 →
4차 십자군 원정 →

내 이름은 프리츠야. 저 기사들을 봐! 정말 멋있지? 나는 커서 꼭 기사가 되고 말 거야. 뭐, 아직은 백작님의 부인 곁에서 심부름을 하면서 예의범절이랑 노래와 악기를 배우고 있어. 하지만 곧 사냥터에 나가고, 무술도 열심히 배울 거야. 그러면 세상에서 가장 창을 잘 던지고, 칼도 잘 쓰는 기사가 될 수 있겠지? 제일 기대되는 건 말을 타는 거야. 그러기 위해 말을 키우고 다루는 법도 배워야 한대. 너희도 내 꿈을 응원해 줄래?

봉건 제도의 성립

 봉건 제도

중세 유럽에서 신하(봉신)가 주군을 위해 봉사하고, 주군은 신하를 보호하던 제도야.

"저는 백작님의 신하입니다. 무슨 일이 생겨도 백작님께 충성하고 복종하겠습니다. 주어진 일을 충실히 할 것을 약속합니다."

칼을 찬 기사가 백작 앞에 무릎을 꿇고 말했어요. 그러자 백작은 흡족한 듯 고개를 끄덕이면서 땅을 내준다는 뜻으로 흙 한 줌을 주었어요. 이렇게 해서 두 사람은 주인과 신하가 되었지요.

9~10세기, 서유럽 곳곳에서 이와 같은 광경을 볼 수 있었어요. 무엇보다 이민족의 공격 때문이었지요. 이즈음 북에서는 노르만족, 동에서는 마자르족이 자주 쳐들어왔어요. 하지만 국왕은 침입을 잘 막아 내지 못했어요. 마침내 주민들은 결단을 내렸어요.

"국왕이 우리를 보호해 주지 못하니, 우리 지역에서 가장 능력 있는 백작을 찾아가 보호해 달라고 부탁합시다."

"좋은 생각입니다. 아마 보호해 주는 대가로 우리에게 노동력과 군사력을 대라고 하겠지만, 그 정도는 해야지요."

이야기 속 백작을 주군, 충성을 맹세한 기사를 봉신이라 불러요.

이처럼 봉신과 주군 사이가 되면, 봉신은 주군을 위해 싸웠고 주군에게 충성과 봉사를 아낌없이 바쳤어요. 그리고 주군은 봉신에게 땅을 주어 농사짓게 하고, 그것으로 먹고 살도록 도와주었지요. 이것이 바로 중세 유럽의 봉건 제도예요.

11세기가 지나도록 이와 같은 상황은 계속되었어요. 이즈음에는 이슬람 세력이 지중해와 그 주변 지역을 꽉 잡고 있었기 때문에, 서유럽은 외부 세계로 무역과 상업 활동을 마음껏 할 수 없었어요. 이 때문에 서유럽은 자급자족을 해야 하는 처지였지요. 자급자족하는 데 꼭 필요한 토지는 매우 중요한 재산이었답니다.

주군은 기사 딱 한 명과 이런 관계를 맺은 게 아니라,

중세의 농노
중세 유럽에서 직접 농사를 지은 이는 기사가 아닌 농노였다. 농노는 노예보다는 자유로웠지만 영주에게 묶여 보통의 농민에 비해서는 자유롭지 못했다.

 자급자족
- - - - - - - - - - - - - -
필요한 물건과 음식을 스스로 만들어 쓰는 것을 말해.

장원

중세 유럽에서 귀족이나 수도원이 다스린 넓은 토지야.

기사를 지켜 준 갑옷
유럽에서는 기사들을 위해 13세기 말부터 쇠붙이로 갑옷을 만들었다.

자신이 가진 땅을 일정한 크기의 장원으로 나누어서 여러 기사들과 주군과 봉신 사이가 되었어요. 하지만 장원에서 직접 농사를 지은 사람은 기사가 아니라 농노(13쪽)들이었어요. 장원은 봉건 제도를 유지하는 경제적인 뿌리였지요.

장원의 주인인 영주나 기사들이 해야 할 가장 중요한 일은 전쟁터에 나가서 싸우는 것이었어요.

"내가 앞장서서 적과 싸우겠다. 나를 따르라!"

기사들은 의리와 충성을 가장 훌륭한 덕목이라고 생각했어요. 그래서 전쟁이 일어나면 누구보다 용맹스럽게 싸웠지요. 하지만 전쟁이 일어나지 않은 평소에는 특별히 해야 할 일이 없었어요.

그런 반면, 중세 시대를 실질적으로 이끌어 간 또 다른 신분인 농노는 대부분 힘겹게 살아야 했어요. 장원에 소속되어 있던 농노들은 땅을 일구어 농사를 지어야 했을 뿐만 아니라, 영주가 필요로 할 때 불려 가서 일을 해야 했어요. 그뿐 아니라 세금도 내야 했는데, 그 종류가 아주 많았어요. 심지어 결혼을 해도 세금을 내야 했어요. 무거운 세금을 견디다 못한 농노들은 장원에서 도망을 치기도 했답니다.

교황과 황제의 충돌

중세 서유럽을 받쳤던 기둥 하나가 봉건 제도였다면, 또 다른 기둥은 크리스트교였어요. 9~10세기를 지나면서 거의 전 유럽에 퍼져 나간 크리스트교는 서유럽 사람이 믿고 의지하는 버팀목이었어요.

유럽의 귀족들은 너도나도 교회에 땅을 바쳤어요. 교회는 덕분에 아주 넓은 땅을 갖게 되었지요. 이렇게 땅을 많이 가진 교회는 봉건 제도의 영주와 같은 힘을 쓸 수 있었어요. 교회가 종교의 중심 역할을 할 뿐만 아니라, 왕 못지않은 권위를 가질 수 있게 된 거예요.

특히 서유럽의 교회를 대표하고 있던 로마 교회의 교황은 국왕들조차 함부로 무시할 수 없는 막강한 힘을 뽐냈어요.

마침내 교황과 국왕은 '누가 더 최고의 권력자인가'를 두고 싸움을 벌이기 시작했어요. 이 싸움 중 가장 큰 문제는 '성직자를 누가 임명할 것인가'였어요. 성직을 얻으면 큰 수입이 따라왔기 때문에 성직을 사고팔기도 해서 문제가 되었거든요.

"국왕이 성직자 임명권을 가지고 있어서 자격이 없는 사람이 성직자가 되는 일이 많습니다."

 교황

가톨릭교에서 가장 높은 성직자로, 베드로의 후계자로 알려져 있어.

 임명

어떤 지위나 임무를 다른 사람에게 맡기는 일이야.

**황제를 파문한
그레고리우스 7세**
이탈리아 출신 교황이다.
성직을 사고파는 일과
평신도가 성직자를 임명하는
것을 금했다. 이것을 계기로
하인리히 4세와 부딪혔다.

 신성 로마 제국

동프랑크 왕국의 오토 1세가
옛날의 로마를 잇는다는 뜻
에서 962년 신성 로마 황제
로 즉위한 뒤 1806년까지 이
어진 제국이야.

교황 그레고리우스 7세는 1075년 초, 마침내 서유럽 국가의 국왕들을 향해 선언했어요.

"성직자를 임명할 수 있는 권리는 교황만이 가진다!"

하지만 이 소식을 들은 신성 로마 제국의 하인리히 4세는 생각이 달랐어요.

"왕권도 신이 내린 것입니다. 교황만이 성직자를 임명할 수 있다니, 따를 수 없습니다."

그러자 교황은 하인리히 4세에게 편지를 써서 교회의 뜻에 따르라는 충고를 보냈어요. 그럼에도 황제는 교황의 뜻을 따르지 않았어요. 오히려 이듬해 1월에 독일의 보름스에서 국제회의를 열었어요. 그리고 신성 로마 제국의 성직자들과 제후(영주)들로부터 동의를 얻어, '교황 그레고리우스 7세를 폐위한다.'는 결정을 내놓았어요.

이에 교황도 발끈하여 황제를 파문했어요.

"하인리히 4세를 파문한다! 이후부터 모든 사람들은 하인리히 황제와 만나지 말라. 신하들도 하인리히 4세에게 충성하지 말라."

교황의 선언에 그동안 황제를 지지했던 성직자와 제후들이 하인리히 4세에게서 돌아섰어요. 엎친 데 덮친 격으로 교황은 황제를 추방하겠다고 엄포를 놓았어요.

소식을 들은 황제는 깜짝 놀랐어요. 그리고 자신을 지지해 줄 사람이 하나도 없음을 깨달았지요. 황제는 교황을 직접 만나 잘못을 빌어야겠다고 생각했어요.

황제 하인리히 4세는 곧바로 왕비와 왕자, 신하들과 함께 교황을 만나러 길을 떠났어요. 얼어붙은 라인강을 건널 때에는 눈보라가 휘몰아쳤고, 알프스를 넘을 때에는 지독한 추위가 몰아닥쳤어요. 온몸이 얼어붙을 지경이었지요.

하인리히 4세

아버지가 죽은 후 여섯 살에 황제에 올랐어. 교황과 성직자 임명권 문제로 크게 충돌했지.

파문

그가 더 이상 크리스트교 신자가 아니라고 선언하는 일이야.

튼튼한 요새, 카르카손 성
프랑스에 있는 전형적인 중세 유럽의 성이다. 유네스코 세계문화유산으로 지정되었다.

　하지만 이탈리아 카노사 성에 머물고 있던 교황은 문
을 닫아걸은 채 하인리히 4세를 만나 주지 않았어요.
여러 번 부탁했지만 소용없었어요.
　성문 앞에는 흰 눈이 수북이 쌓였고, 칼바람이 씽씽
몰아쳤어요. 황제는 아주 얇은 옷만 걸친 채, 눈밭 위에
맨발로 꿇어앉아 눈물을 흘렸어요.
　그렇게 세 번의 낮과 밤이 지나갔어요. 그제야 교황
은 황제를 성 안으로 불러들였어요.
　"황제의 진심을 알았소. 파문을 취소하겠소."

황제가 교황에게 굴욕을 당했던 이 사건은 시간이 지나 카노사의 굴욕이라고 불리게 되었어요.

황제는 성으로 돌아오면서 주먹을 꽉 쥐었어요.

'내 언젠가는 이 굴욕을 꼭 되돌려 주리라!'

튼튼한 카노사 성
이탈리아 카노사에 있는 성으로 940년 바위산에 지어졌어. 세 겹으로 둘러싸여 적들이 좀처럼 침입하기 어렵기로 유명했지.

그렇게 마음먹은 황제는 궁궐로 되돌아와 왕권을 안정시키려고 노력했어요. 한동안은 교황의 명령을 그대로 따르면서 기회를 노렸지요.

그렇게 얼마 후, 황제를 배반하고 교황 편에 섰던 제후들이 하인리히 4세를 대신해 루돌프를 황제의 자리에 앉히는 사건이 일어났어요. 여기에 교황도 찬성을 했지요.

하지만 하인리히 4세의 세력도 만만치 않았어요. 카노사의 굴욕을 당한 뒤, 황제가 수많은 성직자와 제후를 자기편으로 끌어들여 막강한 지지 세력을 만들어 놓았기 때문이에요. 그래서 황제는 이번이야말로 기회라 생각했지요.

"그레고리우스 7세를 물러나게 하고, 새로운 교황을 세우겠다!"

교황의 권리를 인정한 하인리히 5세
하인리히 4세의 아들로 반란을 일으켜 왕이 되었어. 처음에는 교황과 맞서다가 1122년 보름스 협약으로 성직자 임명권을 교황의 것이라 인정했지.

우선 하인리히 4세는 자신을 반대하는 제후들을 없앴어요. 그리고 이번에는 혼자가 아닌, 군대를 이끌고 로마로 갔어요. 하인리히 4세는 순식간에 로마를 점령하고 그레고리우스 7세를 강제로 내쫓았어요.

이후에도 교황과 황제의 대립은 끊이지 않았어요. 하인리히 4세와 그레고리우스 7세가 죽은 뒤, 황제 하인리히 5세와 교황 칼릭스투스 2세가 다시 보름스에서 만났어요. 그리고 그동안 다툼의 원인이었던 성직자 임명에 대한 문제를 해결했지요.

"앞으로 성직자 임명은 교황의 권리로 인정합니다."

"성직자들에게 내리는 토지에 관한 문제는 국왕이 알아서 하시오."

얼핏 보면 교황과 황제, 양쪽에게 공평하게 결정이 난 듯했어요. 하지만 성직자 임명권을 교황이 가졌다는 사실은 교황권이 황제권보다 더 우위에 있음을 나타내는 것이었답니다.

십자군 전쟁의 시작

중세 시대에는 크리스트교가 크게 번성했어요. 많은 사람들이 예수의 무덤이 있는 예루살렘으로 성지 순례를 떠났어요. 이슬람교도가 예루살렘을 지배하고 있었지만, 성지 순례는 아주 평화로웠어요.

하지만 이슬람 왕조인 셀주크 튀르크가 바그다드를 점령하더니 크리스트교도의 성지 순례를 방해하기 시작했어요. 이를 보다 못한 비잔티움 제국이 이슬람교도를 공격했지만, 오히려 지고 말았지요.

비잔티움 제국의 황제 알렉시우스 1세는 교황 우르바누스 2세에게 도움을 요청했어요. 이 소식을 들은 교황은 솔깃했어요.

'옳지! 이 기회에 로마 교황이 얼마나 대단한가 보여 주고 비잔티움 교회까지 로마 교회에 합쳐야지.'

곧 교황은 프랑스의 클레르몽에서 회의를 열었어요.

"이슬람교도에게 빼앗긴 우리의 성지 예루살렘을 되찾아야 합니다."

3백여 명의 성직자들이 외쳤어요.

 성지 순례
종교적 의무를 지키거나 신의 은혜를 구하기 위하여, 성지를 찾아가는 것을 말해.

 셀주크 튀르크
11세기~13세기 중앙아시아와 서아시아 일대를 다스린 이슬람 왕조야.

1차 십자군을 시작한 클레르몽 회의
유럽 사람들은 1095년 이 회의에서 성지인 예루살렘을 되찾기로 결정했다.

"이것은 하나님이 원하시는 싸움이오!"

이에 따라 수많은 성직자들이 유럽 곳곳을 돌며, 시민들에게 십자군에 참가하라고 권했어요.

마침내 우르바누스 2세가 모은 십자군은 1097년, 오늘날의 터키 지방인 소아시아를 공격했어요. 그리고 1099년 7월 예루살렘에 이르렀어요. 십자군은 예루살렘에서 이슬람 병사는 물론 보통 사람들을 구분하지 않고 함부로 죽였어요.

십자군

이 싸움에 참여한 사람들은 옷 여기저기에 십자가 표시를 달았어. 그래서 이들을 십자군이라고 부르지.

십자군은 예루살렘을 완전히 정복했고, 예루살렘 왕국 등 네 개의 크리스트교도 왕국을 건설했어요.

하지만 십자군 원정은 이것으로 끝난 게 아니었어요. 유럽 사람들은 예루살렘에서 후퇴한 이슬람교도가 세력을 키워 반격을 준비하는 데에 깜짝 놀라 다시 십자군을 꾸렸어요.

"이번에야말로 이슬람교도들을 싹 쓸어버릴 테다!"

두 번째로 모인 십자군(1147~1149년)은 서둘러 소아시아로 향했어요. 하지만 그들은 더욱 강해진 이슬람군에게 크게 지고 말았지요.

12세기 후반이 되자 이슬람교도들은 예루살렘으로 진격하기로 했어요. '위대한 장군'이라 불리며 이집트와 시리아의 지배자가 된 살라딘(24쪽)이 이슬람 세계를 합친 후, 예루살렘으로 눈을 돌렸기 때문이에요.

위대한 장군, 살라딘
이슬람 세계의 장군이자
정치 지도자였다.
3차 십자군 전쟁에서 유럽의
십자군과 맞서 싸워 이겼다.

🛡️ **하틴 전투**
- - - - - - - - - - - - - - - -
1187년 예루살렘 왕국의 십
자군과 살라딘 군대가 벌인
전투야.

1187년 7월, 살라딘은 잘 훈련된 병사들을 이끌고 예루살렘으로 향했어요. 그들은 사명감에 불타올랐지요.

"이 전쟁은 신의 명령으로 시작된 전쟁입니다!"

이슬람교도들도 예루살렘을 되찾는 싸움이 신의 뜻이라고 생각했어요. 예루살렘은 이슬람교도들에게도 메카와 메디나 다음으로 신성한 성지였으니까요.

이때 예루살렘 국왕은 군사들을 이끌고 성에서 나와 하틴의 뿔들이라 불리는 두 산봉우리 사이에 진을 쳤어요. 이를 눈치 챈 살라딘의 군대가 예루살렘 국왕의 군대를 사방에서 포위했어요. 살라딘 병사들은 숲과 계곡에 불을 질렀어요. 예루살렘 왕국의 군사들은 우왕좌왕 하면서 도망치기에 바빴지요.

이 전투에서 예루살렘 왕국의 병사 3만 명이 사로잡혔고, 국왕도 포로가 되었어요. 이 전투를 하틴 전투라 부르지요.

살라딘은 승리를 거듭하며 같은 해 9월, 예루살렘 왕국의 성을 포위하고 외쳤어요.

"만약 성에서 나와 항복한다면, 시민은 죽이지 않을

것이다. 남자는 한 사람당 금화 열 닢, 여자는 두 닢, 아이는 한 닢을 내면 풀어 주겠다. 만약 몸값이 없다면, 내가 빌려 주겠다!"

살라딘은 십자군과는 다르게 포로들에게 너그러웠어요. 덕분에 많은 사람이 포로에서 풀려나 자유의 몸이 될 수 있었지요.

하지만 유럽은 예루살렘을 다시 빼앗겼다는 사실로 인해 충격에 빠졌고, 또다시 십자군을 만들었답니다.

 십자군의 마지막

세 번째 십자군에는 프랑스의 필리프 2세, 신성 로마 제국의 황제 프리드리히 1세, 그리고 용감무쌍해서 사자 왕이라는 별명을 가진 영국의 리처드 1세가 앞장섰어요. 특히 리처드 1세는 성을 팔고, 기사 작위까지 팔아 전쟁에 필요한 돈을 끌어모았어요.

"이제 다시 예루살렘을 되찾을 것이다!"

리처드 1세는 자신감에 차 있었고, 사람들도 리처드 1세를 믿었어요. 실제로 이슬람군도 리처드 1세가 십자군에 참가한다는 소식에 겁을 먹을 정도였어요.

 필리프 2세

15세에 왕위에 올라 프랑스의 왕권과 국력을 키웠어.

 리처드 1세

1189년 왕이 되어 인생의 대부분을 전쟁터에서 보냈어. 19세기 영국 소설 《아이반호》에는 리처드 1세가 로빈 후드와 의형제를 맺는 이야기가 나와.

마침내 리처드 1세는 1191년, 지중해를 거쳐 시리아의 해안 지방인 아레크에 도착했어요. 그리고 이슬람군에게 포위되었던 프랑스군을 구해 내는 등 한동안 승승장구했어요.

하지만 리처드왕은 행군 도중 열병에 걸리고 말았어요. 또한 이슬람의 이름난 장군 살라딘의 활약에 가로막히기도 했어요. 더구나 리처드 1세가 영국을 비운 사이 동생이 반란을 일으켰다는 소문이 돌아 전쟁을 포기한 채 영국으로 돌아갈 수밖에 없었지요.

리처드 1세는 살라딘과 휴전을 조건으로 요구 사항 하나를 내밀었어요.

"예루살렘이 살라딘 그대의 땅임을 인정하겠소. 그러나 우리 유럽 사람들이 성지 순례를 자유롭게 할 수 있도록 해 주시오."

결국 3차 십자군(1189~1192년)은 성지 순례 권한 외에는 아무런 얻는 것 없이 막을 내렸어요.

그런가 하면 프랑스 북부 지방의 기사들이 중심이 되어 모인 4차 십자군 원정(1202~1204년) 때에는 예루살렘을 점령하기는커녕, 크리

예루살렘이 그대의 땅임을 인정하겠소.

스트교도가 사는 도시를 공격해 교황에게 파문을 당하기도 했어요. 뿐만 아니라 곳곳에서 재산을 빼앗고 사람들을 죽여 손가락질을 받기도 했지요. 가장 추악했던 4차 십자군 원정은 1204년 콘스탄티노폴리스를 점령한 뒤 막을 내렸어요.

십자군 원정은 이게 끝이 아니었어요. 십자군은 이후에도 네 번이나 더 꾸려졌지요. 1212년에는 신의 계시를 받았다는 한 소년을 따라 수천 명의 소년이 십자군 원정을 나서는 일이 벌어지기도 했답니다. 하지만 소년 십자군들은 나쁜 상인들에 의해 모두 노예로 팔려가 버리고 말았지요.

이처럼 끊임없이 십자군이 나섰지만 유럽 사람들은 예루살렘을 되찾는 데 실패했어요.

십자군 원정의 실패는 중세 유럽의 많은 것들을 바꾸어 놓았어요. 우선 신과 성직자에 대한 사람들의 생각이 크게 바뀌었어요. 더 이상 성직자를 우러러보지 않았고, 믿음도 식었지요. 교황의 권위는 추락하였고, 교회의 체면은 땅에 떨어졌어요.

계시
신이 어떤 사람에게 깨우쳐 알려 주는 것을 말해.

유럽 사람들이 성지 순례를 하도록 허락하겠소.

십자군 운동에 참여했던 영주와 기사들도 힘이 약해졌어요. 전쟁을 위해 재산을 내놓아야 했기 때문이에요. 영주와 기사들이 몰락하자 중세 시대를 받치고 있던 봉건 제도도 허물어지기 시작했답니다.

오히려 세력이 커진 쪽은 국왕과 도시의 시민이었어요. 특히 상업과 무역을 하던 시민들은 여기저기 오가며 재산을 늘려 나갈 수 있었고, 국왕도 나중에는 이들과 손을 잡고 왕권을 강하게 만들 수 있었지요.

이슬람 왕조의 흥망성쇠

십자군 전쟁은 이슬람교와 크리스트교 세계의 충돌이었어요. 당시 이슬람 세계에서는 종교 지도자인 칼리프가 있는 아바스 왕조(750~1258년)를 중심으로 오늘날의 이란과 터키, 아라비아 반도, 이집트 지역 등에 몇몇 이슬람 왕조들이 들어섰다 사라졌답니다.

9세기경 이슬람의 아바스 왕조는 크게 약해져 있었어요. 이 틈을 타서 사산조 페르시아의 후손이 세운 사만 왕조(874~999년)가 중앙아시아에서 인더스강 유역에 이르는 땅을 차지하고 잠시 번성했지요.

 아바스 왕조
- - - - - - - - - - - - - - - - - -
750년에 아부 알 아바스가 세워 1258년 바그다드가 몽골 제국에게 함락당하기 전까지 지속된 이슬람 왕조야.

 사만 왕조
- - - - - - - - - - - - - - - - - -
오늘날 아프가니스탄 지역에서 태어난 이스마일 1세가 세운 이슬람 왕조야.

그런데 주로 중앙아시아를 주요 무대로 삼고 있었던 튀르크 사람들이 점차 힘을 키우더니 사만 왕조를 압박하고 오늘날의 아프카니스탄에서 가즈나 왕조(962~1186년)를 세웠어요.

튀르크 사람들은 원래 중국 북쪽 지방을 누비던 흉노족에서 시작되었어요. 이후에 돌궐족, 위구르족이란 이름으로 명맥을 이어 가다가 튀르크족으로 불리게 되었지요.

가즈나 왕조

사만 왕조의 장군이었던 튀르크 사람 알 프티긴이 세운 이슬람 왕조야.

최초의 술탄, 마흐무드
아프가니스탄 가즈나 왕조의 7대 왕으로 최초로 술탄 칭호를 받았다. 이슬람에서 최고의 왕으로 손꼽힌다.

튀르크 사람이 세운 가즈나 왕조는 세 번째 군주인 마흐무드 때 사만 왕조를 멸망시켰어요. 튀르크 사람들은 이슬람교를 받아들이고 있었기에 마흐무드는 아바스 왕조가 다스리는 바그다드의 칼리프(이슬람교의 종교 지도자)로부터 술탄이라는 칭호를 받게 되었지요.

술탄

칼리프가 특정한 지역의 정치적 우두머리에게 내린 칭호야.

셀주크 튀르크의 주전자
셀주크 튀르크는 건물,
주전자 등에 아라베스크나
식물 무늬 등 여러 문양을
정교하게 새겨 넣었다.
이것은 이후 이슬람 세계에
큰 영향을 주었다.

 말리크샤
- - - - - - - - - - - - - - - - - -
셀주크 튀르크의 3대 술탄이
었어.

마흐무드는 인도를 공격해서 인도 사람들에게
이슬람교를 퍼뜨렸어요. 인도에는 힌두교를 믿
는 사람이 많았지만 카스트 제도 제일 아래층
에서 푸대접을 받던 수드라 계급과 불가촉천
민들이 이슬람교를 받아들이기 시작했어요. 이
후에는 상류층 사람들도 이슬람을 믿기 시작했
어요.

시간이 흘러 마흐무드가 세상을 떠난 뒤에는
또 다른 튀르크족인 셀주크가 가즈나 왕조를 공격
해 새 왕조를 열었어요. 이 왕조가 바로 셀주크 튀
르크예요. 셀주크 튀르크는 비잔티움 황제를 포로로
잡고, 이어 오늘날의 터키 지방인 소아시아까지 이슬람
의 땅으로 만들었답니다.

셀주크 튀르크는 술탄 말리크샤 때에 이르러 가장 번
성했어요. 말리크샤가 왕위를 차지하고 있는 동안 나라
의 영토는 동쪽으로는 중국과 맞닿았고, 서쪽으로는 지
중해 주변까지 넓어졌어요. 아바스 왕조의 약화로 흩어
졌던 이슬람 세계가 다시 한번 셀주크 튀르크를 중심
으로 뭉친 것이었지요.

하지만 말리크샤가 세상을 떠난 후, 셀주크 튀르크는
흔들리기 시작했어요.

우선 여러 지역에 책임자로 나가 있던 왕자들의 땅에서 동요가 일어났어요. 또한 유럽 세계의 십자군 원정이 시작되었지요.

이즈음 이슬람 세력은 크고 작은 여러 개의 왕국으로 나뉘어졌어요. 이들은 저마다 힘을 키웠지요. 특히 시리아 지역을 차지하고 있던 누레딘의 이슬람 세력은 셀주크 튀르크를 벗어나 이집트의 카이로를 정복하였어요. 그럼으로써 이슬람 세력이 예루살렘을 동쪽과 남쪽에서 압박할 수 있게 되었지요.

 누레딘

장기 왕조라는 이슬람 왕조의 왕으로 2차 십자군을 무찔렀어.

중세의 예루살렘
예루살렘 왕국은 1099년에 십자군이 예루살렘에 세운 크리스트교 국가이다.
1187년 살라딘이 이끄는 아이유브 왕조에게 넘어갔다.

아이유브 왕조

살라딘이 1169년 이집트에
세운 이슬람 왕조야. 살라딘
가문의 이름을 따랐어.

바로 이 중심에 살라딘이 있었어요. 누레딘 아래에서 장군으로 활약하다가 아이유브 왕조를 열었지요. 그후 살라딘은 흩어졌던 이슬람 세력을 하나로 모아 예루살렘을 되찾을 준비를 했어요. 살라딘은 군사를 모아 예루살렘으로 향했지요.

물론 예루살렘은 이슬람군의 손에 넘어가고 말았답니다.

살라딘이 죽은 뒤에도 아이유브 왕조는 계속된 십자군의 공격을 막아 내고 예루살렘을 지켰어요. 그 덕분에 이후로도 오랫동안 팔레스타인을 이슬람의 영토로 남길 수 있었답니다.

팔레스타인

지중해의 동쪽 해안 지역으
로 오늘날 이스라엘이 있어.

우리가 어리다고요?-소년 십자군

소년 십자군은 북부 프랑스의 한 마을에 살던 '에티엔'이라는 소년에 의해 시작되었어요. 에티엔은 말했어요.

"나는 신을 보았어요. 그때, 신은 가난한 순례자의 차림이었어요. 몹시 피로한 모습으로 나에게 다가와 빵을 달라고 했어요. 잠시 후에, 내가 몰고 다니던 양들이 그 순례자 앞에 모두 무릎을 꿇었지요. 맞아요. 이것은 우리가 다시 예루살렘으로 가야 한다는 신의 계시입니다."

이후 수천 명의 소년들이 모여들어 예루살렘을 향해 떠났어요. 하지만 마르세유 항구에서 배를 탄 이들은 나쁜 상인을 만나 대부분 노예로 팔려 가고 말았답니다.

하지만 1250년경 아이유브 왕조는 힘을 잃고 또 다른 이슬람 정권인 맘루크 왕조가 세워졌어요.

한편 겨우 명맥을 유지해 가던 셀주크 튀르크는 13세기, 몽골 제국의 침입을 받아 역사 속으로 사라지고 말았답니다.

맘루크 왕조

아이유브 왕조의 군사를 담당했던 노예가 세운 왕조야. 13세기부터 16세기까지 주로 이집트 지역을 다스렸어.

유럽은 십자군 전쟁으로 어떻게 달라졌을까?

깊이 보는 역사

중세 장원에 놀러 와!

성에는 영주가 살았어요.

농민들은 한곳에 마을을 이루고
모여 살았어요. 농민들이 농사짓는 땅이
장원 전체에 골고루 퍼져 있었어요.

모든 일은 크리스트교
중심으로 돌아갔어요.
그래서 장원에는 모두 교회가 있었답니다.

집을 지을 때나 다리를 놓을 때
필요한 목재를 얻을 수 있는 숲도 있었어요.

휴경지

경작지

농사짓는 땅은 경작지와 휴경지(쉬는 땅)로
나누어 놓았어요. 쉬는 땅을 정해 놓은 이유는
농작물을 길러 낼 수 있는 땅의 힘을
회복시키기 위해서였어요.

농사짓는 땅의 경우에도
봄에 농사짓는 땅(춘경지)과
가을에 농사짓는 땅(추경지)이
구분되어 있었지요.

대장간, 창고와 같이 공동으로
사용하는 시설물이 있었어요.

양이나 염소를 키우는 풀밭을
함께 사용했어요.

2장 중세 유럽의 발전과 몰락

한자 동맹
상업권

북해

발트해

키예프
공국

상파뉴
상업권

영국

폴란드

프랑스

신성 로마
제국

헝가리

흑해

로마
교황령

비잔티움 제국

지중해
상업권

지중해

중세 유럽의 경제

한자 동맹 도시 ●
주요 상업권 ●
모직물 공업 ○
포도주 생산지 ○

난 안드레아라고 해. 올해로 열여섯 살이 되었어. 이탈리아의 볼로냐에 살지. 내년에는 대학교에 가려고 해. 드디어 이곳에 대학교가 생겼거든. 우리 아빠가 난 타고난 공부 체질이라고 하셨는데 잘된 일이지 뭐야. 그런데 고민이 좀 있어. 대학교에 강의실이 없어서 교회를 빌려서 공부한대. 책도 없어서 다른 사람의 책을 내가 직접 베껴서 사용해야 한다나. 도서관을 가라고? 모르시는 말씀! 여기는 도서관도 없다고. 하지만 괜찮아. 어디서든 뭔가 배울 수만 있다면 난 좋아.

달라진 중세 도시

"우리가 장원에서 기른 농작물이 충분히 먹고 세금을 내고도 남아요. 이걸 어떻게 처리해야 하지요?"

장원 제도를 중심으로 농업에 전념하던 유럽의 중세 사회에 조금씩 변화가 일어나기 시작했어요.

예전에는 농기구가 발달하지 않아 땅을 제대로 갈아 엎지 못했어요. 그러다 보니 농작물을 많이 거둘 수 없었지요. 하지만 이민족의 침입이 잠잠해지면서 장원에서 키우는 농작물이 많아졌어요.

 장원 제도

중세 유럽에서 토지를 가진 영주가 농민에게 농사를 짓게 하고 농민으로부터 세금과 부역을 받던 제도야.

가축을 이용하고 땅을 깊게 팔 수 있도록 쟁기를 더 좋게 만드는 등 새로운 농사 방법을 개발했기 때문이에요. 그래서 농노들은 이것을 내다 팔 생각까지 하게 되었어요.

그러자 상업 활동이 활기를 띠기 시작했어요. 화폐를 활발하게 사용하기 시작한 것도 이즈음이지요. 그러다 보니 농사를 짓기보다 생산물을 판매하는 일에 매달리는 상인들이 많이 생겨났어요.

상인들은 도시로 모여들었어요. 도시에서 여러 가지 물건을 사고팔며 생활 터전으로 삼았지요.

 도시

중세 유럽의 도시들은 자기 도시의 이익을 위해 '한자 동맹' 같은 도시 동맹을 맺기도 했어.

중세의 먹을거리
빵집 주인이 직원의 도움을
받아 둥근 빵을 굽고 있다. (위)
중세에는 포도주도 인기 있는
음료로 사고팔렸다. (아래)

아울러 물건을 만드는 수공업자들도 도시에 자리 잡고 살기 시작했어요. 이들은 애초에 농촌에서 농사를 짓던 사람들이 대부분이었어요. 그런데 도시에서 상업이 발달하자 상품을 운반하고, 보관하는 데 필요한 물품을 만들기 시작한 거예요. 상인과 수공업자가 도시에 자리를 잡자, 사람들이 먹을 빵을 만드는 빵집과 고기를 파는 푸줏간, 대장간 등도 생겨났어요.

그리고 십자군 원정 덕분에 가까운 곳은 물론이고 먼 거리까지 나가 상품을 팔 수 있게 되었지요. 상인들은 십자군을 따라 아시아와 유럽을 오가며 특산물을 맞바꾸고, 지중해 연안을 따라 활발하게 물건을 사고팔았어요. 이에 따라 북부 이탈리아의 여러 도시들이 성장했지요. 그 뒤를 이어 오늘날의 폴란드와 스웨덴 사이 발트 해와 북해에서도 무역이 활발해졌어요. 이즈음에 북부 독일과 프랑스의 여러 도시들이 크게 발전했답니다.

유럽 곳곳의 도시 규모와 경제력이 빠르게 커졌어요. 나아가 유럽을 가로질러 흐르는 다뉴브강 상류와 라인강 주변의 도시들도 성장하기 시작했지요.

그러자 각 도시들은 자유롭게 상업 활동을 하기 위해 자유와 자치권을 갖고 싶어 했어요. 이때까지만 해도 도시는 여전히 영주의 지배가 미치는 지역이어서 여러 규제를 따라야 했거든요.

영주들은 화폐를 만들 권리와 온갖 특권을 독차지하고 있었어요. 그뿐 아니라 법을 내세워 도시민들을 마음대로 다스렸고, 강제로 부역을 시키기도 했지요.

"안 되겠어요. 차라리 돈을 주고서라도 영주에게 자치권을 삽시다!"

도시가 자치권을 얻으면서 도시의 주민들은 자유를 누리게 되었어요. 이것은 장원의 농노들에게는 무척이나 부러운 일이어서 도시로 도망치는 사람들도 있었지요. 그래서 사람들 사이에서는 이런 말이 떠돌았어요.

"도시의 공기는 자유를 준다!"

이렇게 자치권과 자유를 얻자, 도시 사람들은 한걸음 더 나아가 스스로의 안전과 이익을 지키기 위해 조합

자치권

지역 스스로 다스릴 권리를 말해.

부역

백성이 나라에서 필요로 하는 일을 보수 없이 하는 것을 말해.

중세의 화폐
1266년 프랑스의 루이 9세 때 만들어진 최초의 금화이다.

**옷감을 사고파는
길드의 이사회 모임**
길드는 중세 유럽에서 같은
일을 하는 사람들이 모여서
만든 조합이었다.

- 렘브란트
〈포목상 조합의 이사들〉

을 만들었어요. 이 조합이 바로 길드였어요.

"상품을 거래하다가 배가 뒤집혀 피해를 보거나, 해적을 만나 위험한 일을 당할 수도 있어요. 이럴 때는 조합이 나서서 보상해 줍시다."

"좋은 방법입니다. 혹시 조합원이 죽더라도 그 가족은 조합에서 보살펴 주기로 해요."

가장 처음으로 상인들의 길드가 만들어졌어요. 상인들이 만든 길드는 시간이 지날수록 그 세력이 아주 커져서 영주와 협상을 하기도 했고, 도시를 직접 운영하기도 했어요.

상인 길드를 이어 수공업자들의 길드도 탄생했어요. 이들은 장인과 직인, 도제라는 신분으로 엄격하게 구별되어 있었어요.

장인은 그 분야에서 최고의 기술을 가진 사람이었어요. 이들은 한두 명 정도의 직인과 도제를 거느리고 있었어요.

직인은 장인 밑에서 약간의 돈을 받으며 기술을 배우는 사람이었어요. 나중에 장인 밑을 벗어나 스스로 수공업자가 되려는 사람이었지요. 직인은 기술을 잘 배우고 연습한 후 길드가 정한 규격에 맞춰 심사를 받고 독립할 수 있었어요.

그 이전에 도제가 되려면 약 7년 동안 장인의 집에 머물며 심부름을 하다가 조금씩 기술을 익혀야 했지요.

이들이 모인 길드는 자급자족에 만족하던 장원 제도가 무너지게 하는 중요한 역할을 했어요. 그리고 길드에 소속되지 않은 수공업자나 상인이 물건을 마음대로 만들고 팔지 못하도록 막았어요. 이것은 자유로운 거래와 생산력의 발전을 가로막기도 했답니다.

장인과 직인

도제 기간을 마친 후 3년 정도 직인 과정을 거쳤어. 그리고 자신이 만든 물건을 심사받고 합격하면 장인으로 인정받았지.

도제

직업에 필요한 지식과 기술을 배우려고 스승 아래에서 일하며 물건을 만드는 사람을 말해.

중세의 수공업자, 금세공인
그림 속 엘리기우스는 젊은 시절 프랑스 리모주에서 금은세공을 배웠다고 전해진다.

– 페트루스 크리스투스 〈금세공인〉

장원 제도가 무너지다

"그게 정말이에요? 이제부터는 땅을 빌리는 값을 돈으로 내도 되는 거예요?"

돈 때문에 장원에 변화가 일어났어요. 이전까지 농노들은 영주에게 땅을 빌려 농사를 짓고, 그 대가로 농산물을 내거나 부역을 해 주었지요. 그런데 이제는 영주들이 대가로 돈을 받기로 한 것이에요.

이제 농노는 늘 일정한 돈만 내면 되었고, 조금 더 부지런하면 재산을 모을 수도 있었어요. 그래서 어떤 농노들은 영주에게 더 많은 돈을 내고 노예와 같은 상황에서 벗어나 완전히 자유를 얻었어요. 이런 일이 유럽 전 지역에서 점점 많이 일어났지요.

그런데 바로 이즈음, 유럽 곳곳이 자연재해에 시달렸어요. 14세기 초부터 기후 변화가 일어나 겨울이 더욱 추워지고, 습기가 많아졌지요. 심지어 흑사병이 번져 가기 시작했어요.

"우리 남편이 갑자기 온몸이 까맣게 변하더니, 열이 나고 피를 토했어요."

"옆집에서는 다섯 가족 중에서 벌써 세 명이나 목숨을 잃었대요!"

1347년 흑사병이 이탈리아를 휩쓸더니, 이듬해 초에는 프랑스를, 이어 가을에는 영국까지 퍼져 나갔어요. 뿐만 아니라 몇 년 뒤에는 북유럽은 물론 러시아까지 다다랐어요.

일단 흑사병에 걸리면 며칠을 넘기지 못하고 숨을 거두었어요. 한꺼번에 너무나 많은 사람들이 죽어서 시체가 거리에 그냥 놓여 있기도 했어요. 시체를 묻더라도 대충 땅을 파고 묻는 정도였어요. 장례를 치러 줄 성직자도 부족할 지경이었으니까요. 온 가족이 떼죽음을 당하는 경우도 많았어요. 그러다 보니 빈집이 늘어 갔고, 도시는 유령이라도 나올 듯 텅 비어 갔어요.

"도대체 이 전염병의 원인이 뭐래요?"

"이 병을 고칠 방법은 전혀 없는 거예요?"

 흑사병

페스트 균 때문에 일어나는 전염병이야. 주로 쥐벼룩에 물려 옮곤 하지. 체온이 갑자기 오르고, 추위를 느끼는데, 치료를 받지 못하면 죽기도 했어.

기도 받는 사람들
중세 유럽에서는 병에 걸리면
성직자에게 기도를 받았다.

살아남은 사람들은 도시가 너무나 불결해서라고 짐작했어요. 실제로 중세의 도시들은 가축의 똥오줌과 쓰레기로 뒤덮여 있었고, 물을 마시고 버리는 시설 역시 매우 지저분했지요. 또 십자군 전쟁 이후 활발해진 다른 나라와의 무역 때문에 아시아나 이집트에서 번져 온 것이라고 생각하기도 했어요.

유럽 사람들은 이렇게 정확한 원인을 모른 채 언제 죽을지 몰라 벌벌 떨었어요. 불과 몇 년 사이에 흑사병은 남녀노소와 신분을 가리지 않고 수많은 사람들을 죽음으로 몰아넣었어요. 어떤 도시는 인구가 절반으로 줄어들었고, 양을 비롯한 가축들마저 수천 마리씩 떼죽음을 당하기도 했어요.

"어서 이 도시를 빠져나가야겠어요. 그래야 우리가 살 수 있어요!"

"그게 무슨 소용이에요. 이 무서운 질병은 악마가 공기를 더럽혔기 때문에 생긴 거예요. 약초를 태워서 악마를 쫓아내야 해요!"

사람들이 별의별 방법을 다 써 보았지만, 흑사병은

전혀 수그러들지 않았어요. 오히려 더 끔찍한 일이 일어났지요.

"유대 사람들이 샘물에 독을 탔어요!"

어디에서, 누가 퍼뜨린 말인지는 알 수 없었으나 이런 헛소문은 흑사병만큼이나 빠르게 퍼졌어요. 그러자 곳곳에서 유대 사람을 마구 죽이는 일이 벌어졌어요. 이 소식을 전해 들은 교황이 이를 막았지만, 소용없었어요. 그 때문에 유대 사람들은 영문도 모른 채 죽음을 맞이해야 했어요.

그런가 하면 한편에서는 사이비 종교 집단이 나타나서 발가벗은 채 온몸을 채찍으로 때리며 거리를 돌아다니는 웃지 못할 일도 벌어졌어요.

유대 사람
유대교를 믿으며 팔레스타인에 살다가 로마 제국이 예루살렘을 파괴하자 세계 각지에 흩어져 살았어.

사이비 종교
일반적인 종교와 비슷해 보이지만 실제로는 완전히 다른 종교를 말해.

핍박받는 유대 사람들
크리스트교를 믿는 중세 유럽 사람들은 유대 사람들이 예수를 믿지 않는데다 예수를 죽였다며 미워했다.

흑사병은 신이 내린 벌이라고 믿고, 죄를 씻기 위해 자신의 몸을 채찍질 했던 것이지요.

불과 4년 만에 유럽 인구의 3분의 1이 사라졌어요. 유럽은 흑사병으로 사람들이 하도 죽어서 일할 사람이 없어졌어요. 농토는 남아돌게 되었지요. 사려는 사람이 적어지다 보니 식량을 비롯한 물건 값이 내려가고 덩달아 돈의 가치도 떨어졌어요.

영주는 난처해졌어요. 농사지을 땅은 남아도는데, 자기 땅에 농사를 지어 줄 농노는 부족했으니까요. 영주는 농노를 잘 대우해 주었어요. 귀한 일손에게 함부로 대할 수가 없었지요. 하지만 막상 농노의 지위가 높아지자 영주들은 위기감을 느끼기 시작했어요.

"쳇! 이러다가는 오히려 우리가 농노의 눈치나 보게

농토

농사짓는 땅을 말해.

생겼는걸!"

결국 영주는 농노를 또다시 이전의 장원 제도 아래에서처럼 억압하고, 자신의 영지 아래 묶어 두려 했어요. 하지만 농노는 더 이상 예전의 농노가 아니었어요. 프랑스에서는 농노가 반란을 일으켰어요.

"도대체 누가 프랑스를 이렇게 허약한 나라로 만들었습니까? 영주와 귀족들입니다. 그들을 없애면 우리도 행복해질 수 있습니다!"

농노들은 그렇게 외치며 영주의 성과 귀족들의 저택을 파괴하고 불을 질렀어요. 이에 귀족과 영주는 가족을 데리고 도망쳤어요.

영국군의 공격으로 메말라 못 쓰게 된 땅과 영주의 억압 때문에 프랑스에서 일어났던 이 반란을 자크리의 난이라고 불러요. 자크리는 농노들을 부르는 별명이었는데, '시골뜨기'라는 뜻이었어요.

자크리의 난

1358년에 북프랑스에서 일어난 농노 폭동이야.

영국에서도 와트 타일러가 이끄는 농노 반란이 일어났어요.

"우리는 자유를 원한다. 아담이 밭을 갈고, 이브가 길쌈을 할 때도 귀족이 있었는가?"

농노들은 그렇게 외치며 여러 도시를 차례로 점령해 나갔어요. 그러고는 런던으로 진격해 물건을 빼앗고 불을 질렀어요. 런던타워로 몰려가 그 안에 몸을 피한 국왕을 위협하기도 했지요.

정부 관리를 만나는 와트 타일러(왼쪽 빨간 옷)
1381년 일어난 와트 타일러 난의 지도자이다. 반란이 성공해 런던에서 리처드 2세와 협상하던 도중 왕의 측근에게 죽임을 당했다.

 길쌈

실로 옷감을 만드는 일이야.

하지만 반란은 성공하지 못했어요. 농노들은 숫자는 많았지만 가진 무기라고는 칼과 나무 방망이가 고작이었어요. 활을 쏠 줄 아는 사람도 많지 않았고요. 결국 농노들은 군대를 끌어들인 영주와 귀족들에게 아주 잔혹하게 진압되었지요.

그러나 반란을 계기로 영주의 힘과 권위는 이전에 비해 약해졌어요. 농노들의 반란은 장원 제도와 봉건 제도가 무너지게 된 이유 중 하나였답니다.

힘을 키우는 국왕

인구가 줄고, 농노들이 반란을 일으킨 통에 귀족의 힘이 매우 약해졌어요. 국왕은 이 틈을 타서 세력을 키워 나갔어요. 왕은 힘이 약해진 귀족들을 억누르면서 차츰 중앙 집권 국가를 꿈꾸기 시작했어요. 그리고 이 꿈은 조금씩 이뤄지는 듯했어요.

"우리 농노들을 그토록 억누르던 귀족의 힘을 국왕께서 빼앗아 주세요."

"상공업이 잘 돌아가려면 국왕께서 혼란스러운 나라를 바로잡아 주셔야 합니다."

이처럼 농노와 상인으로 구성된 도시의 시민들까지도 국왕을 지지했어요.

하지만 국왕이 그 꿈을 이루기에는 큰 걸림돌이 있었어요. 바로 교황이었지요. 아직까지 교황은 나라를 넘어서는 권위를 가지고 있었기에 국왕이 홀로 권력을 독차지할 수는 없었어요. 국왕과 교황은 사이가 좋을 수 없었지요.

프랑스 국왕 필리프 4세(52쪽)는 왕을 중심으로 하는 국가를 만들려고 누구보다 열심히 서두르고 있었어요. 필리프 4세는 재빨리 자신을 도와 줄 지식인들을 궁궐

> **중앙 집권 국가**
>
> 왕이 정치, 군사 등 나라의 모든 분야를 좌우할 수 있는 권한을 가진 나라야.

미남 왕 필리프 4세
프랑스 왕으로 프랑스의
통일 체제를 갖추고 왕권
강화에 힘썼다.
잘생긴 외모로 미남 왕으로
불리기도 한다.

로 끌어들였고, 왕실의 정책을 이끌고 충고해 줄 자문 기구를 만들기도 했어요. 그리고 땅을 넓히기 위한 전쟁을 벌이기 시작했지요.

전쟁을 치르기 위해서는 돈이 필요했어요. 필리프 4세는 고민 끝에 가장 부유한 세력 중의 하나였던 성직자들에게 세금을 걷기 시작했어요.

그러자 교황 보니파키우스 8세가 발끈하였어요.

"같은 유럽 땅에서 전쟁을 치르면서 성직자들에게 세금을 걷다니 말도 안 되는 짓이오! 국왕은 당장 이를 멈추시오."

사실 교황은 국왕이 유럽에서 전쟁을 하는 대신 그 힘을 모아 다시 십자군 전쟁에 나서길 바라고 있었어요. 왜냐하면 십자군 전쟁에서 자꾸 지는 바람에 교황의 권위가 땅에 떨어진 데다가, 시민들의 믿음도 예전 같지가 않았거든요.

하지만 국왕은 교황의 명령에 호락호락 따르지 않았어요. 오히려 필리프 4세는 교황이 그런 명령을 내린 것에 대해 앙갚음했어요.

"이제부터 교황청으로 어떠한 물건이라도 들어가게 해서는 안 된다!"

그리고 사사건건 자신에게 맞서던 주교 한 사람을 감옥에 가두었어요. 그러자 이번에도 교황이 국왕에게 교서를 내려 보냈지요.

교서

로마 교황이 신앙과 교리에 대해 발표하는 편지를 말해.

"성직자를 함부로 감옥에 가두는 것은 교황을 욕하는 거나 다름없소! 이제부터 크리스트교 국가의 최고 판결권은 교황에게 있소. 성직자에게 세금을 걷는 일도 그만두시오!"

그러나 필리프 4세는 교서를 불태우고 오늘날 프랑스의 노트르담 성당에서 큰 모임을 열었어요. 몇몇 성직자와 귀족들, 그리고 시민을 대표하는 사람들이 참석한 모임, 바로 삼부회였지요. 국왕은 교황 보니파키우스 8세를 재판하기로 결정했어요. 모임에 참석한 사람들은 국왕을 열렬히 지지했어요.

보니파키우스 8세

중세 말기, 교황권의 확대를 위해 노력한 교황이야.

그러자 보니파키우스 8세도 이에 맞서 필리프 4세를 파문하기로 마음먹었어요. 이렇게 양쪽이 팽팽하게 맞설 때, 뜻밖의 일이 생기고 말았어요.

"교황을 체포하라!"

국왕의 사랑을 받는 두 귀족 가문의 병사들이 교황을 습격하여 가두는 일이 일어났어요.

**교황이 머물던
프랑스의 아비뇽 교황청**
1309년 이후 클레멘스 5세 등
일곱 명의 교황이 여기에
머물렀다. 고딕 양식으로
지어졌으며 유네스코
세계문화유산으로 지정되었다.

 유수
- - - - - - - - - - - - - - - -
잡아서 가두어 놓는다는 뜻
이야.

교황은 이 일로 충격을 받아 얼마 후 세상을 떠나고 말았어요. 곧이어 교황으로 뽑힌 베네딕투스 11세 역시 오래 견디지 못하였지요. 그러자 필리프 4세는 자신의 마음에 드는 사람을 교황 자리에 앉혔어요. 다름 아닌 클레멘스 5세였지요.

그런데 클레멘스 5세는 로마가 아닌 오늘날 프랑스의 리옹에서 교황에 올랐어요. 또한 교황청을 프랑스 아비뇽에 새로 차리고 일하기 시작했지요. 이후 70년 동안 교황은 프랑스 국왕에게 완전히 붙잡혀 있었답니다. 이를 아비뇽 유수라 불러요(1309~1377년).

한편 로마에서는 아비뇽의 교황을 받아들일 수 없다며 또 다른 교황을 뽑았어요. 두 명의 교황이 생겨난

셈이지요. 이들은 서로 "내가 진짜 교황이다!"라고 맞섰어요. 그러는 바람에 교황의 권위는 더욱 땅에 떨어지고 말았지요.

그러자 교회 내부에도 변화의 바람이 불었어요.

"썩어 빠진 교회를 바로 잡아야 합니다! 교회는 본래의 순수한 크리스트교로 되돌아가야 합니다!"

특히 영국의 위클리프가 앞장섰어요. 위클리프는 교회가 세상과 같아서는 안 된다고 주장하며, 성경을 영어로 번역해 많은 시민들이 볼 수 있도록 했지요.

아울러 보헤미아(오늘날의 체코)의 요하네스 후스가 위클리프의 생각을 일부 받아들여서 그동안 로마 교회가 얼마나 잘못되었는지 사람들에게 알렸어요. 후스의 생각은 동유럽 일대에 크게 퍼졌는데, 이 일로 그는 화형을 당하고 말았어요.

하지만 이런 일이 있은 뒤에도 종교 개혁에 대한 주장은 끊이지 않았답니다.

위클리프
옥스퍼드 대학의 신학자로 종교 개혁에 앞장섰어. 교황령 재산에 대해 비판했지.

요하네스 후스
프라하 대학의 신학자로 성직자와 교회가 땅을 가지고 세속화되는 것을 비판했어.

영국과 프랑스의 충돌

**백 년 전쟁을 일으킨
영국 왕 에드워드 3세**
중세 시대의 대표적인 왕으로
꼽힌다. 그가 영국을 다스리는
동안 흑사병이 돌기도 했다.
또한 종교 개혁가 위클리프를
보호했다.

중세 유럽의 봉건 사회가 몰락하고 있을 무렵, 프랑스는 필리프 4세의 노력으로 왕권이 매우 강해졌어요. 그런데 필리프 6세 때에 이르러 위기를 맞게 되었어요. 그것은 다름 아닌, 영국의 간섭 때문이었지요.

"나 에드워드가 프랑스 국왕이 되어야 합니다!"

영국의 왕 에드워드 3세는 프랑스 국왕 필리프 6세가 국왕에 오르는 걸 반대했어요. 에드워드 3세 자신이 프랑스 국왕이 되어야 한다는 것이었어요. 필리프 6세보다 프랑스 왕족의 혈통에 더 가깝다는 주장을 하면서 말이에요.

필리프 6세가 왕위에 오르기 전, 프랑스를 다스리던 샤를 4세에게는 왕자가 없었어요. 그래서 왕실에서는 샤를 4세의 사촌 형제인 발루아 백작을 왕으로 올렸지요. 발루아 백작이 바로 필리프 6세랍니다. 이때 샤를 4세의 외손자인 영국의 에드워드 3세가 자신이 프랑스 국왕이 되는 게 옳다며 나선 거예요.

에드워드 3세는 이 기회에 프랑스 땅을 영국에 합치고 싶어 했어요. 에드워드 3세는 특히 플랑드르(지금의 벨기에 지방) 땅과 귀엔 지방이 탐났어요. 플랑드르 지방은 모직물 공업의 중심지였고, 귀엔은 포도주 생산지로 유명했거든요. 만약 두 곳을 완전히 점령한다면 큰 돈을 벌어들일 수 있었어요.

1339년, 영국의 함대가 플랑드르에 머물고 있던 프랑스 함대를 향해 대포를 쏘면서 전쟁이 시작되었어요. 이로써 약 100년에 걸친 전쟁의 막이 올랐지요.

그러나 첫 전투는 어이없을 만큼 싱겁게 끝났어요.

영국
런던
플랑드르
크레시 언덕
오를레앙
푸아티에
프랑스

백 년 전쟁의 전개

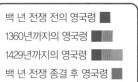

백 년 전쟁 전의 영국령
1360년까지의 영국령
1429년까지의 영국령
백 년 전쟁 종결 후 영국령

**백 년 전쟁 초기의
크레시 전투**

1346년 에드워드 3세와
9천 명의 군사,
프랑스 필리프 6세와
영국군의 몇 배나 많은 군사가
크레시 언덕에서 싸웠다.

 장궁

길이가 1.5~1.8미터에 이르
는 긴 활로 빠르게 쏠 수 있
었어.

 기마병

말을 타고 싸우는 병사야.

새로운 무기인 장궁을 가진 영국군의 공격에 프랑스
함대가 거의 전멸했지요. 프랑스군 2만 명 이상이 이
전쟁에서 목숨을 잃었어요.

1346년에는 프랑스 동북쪽의 크레시 언덕에서 전투
가 벌어졌어요. 이 전투에는 프랑스의 필리프 6세도 참
전했지요. 이때 필리프 6세는 기마병들을 앞세우고 자
신만만하게 영국군을 맞았어요. 프랑스군의 수가 훨씬
많았기 때문이에요.

마침내 양쪽의 병사들은 들판에서 마주 섰어요. 에드
워드 3세는 화살 부대를 제일 앞에 나서게 하고는 외쳤
어요.

"먼저 활을 쏘아 말을 쓰러뜨려라!"

프랑스 기마병이 달려오자 영국군 궁수들이 일제히 활을 쏘았어요. 그러자 활에 맞은 말이 쓰러졌고, 기사들은 땅에 떨어졌지요. 두꺼운 갑옷을 입은 기사들은 어떻게 해야 할지 몰라 허둥댔어요. 이때를 기다려 또다시 화살이 날아들었고, 프랑스 기마병들은 낙엽처럼 쓰러졌어요. 프랑스군은 영국에게 다시 한번 큰 패배를 맛보아야 했지요.

다시 시간이 흘러 1356년에는 영국의 '흑태자'가 프랑스군을 곤경에 빠뜨렸어요. 에드워드 3세의 아들인 그는 전투에 나설 때면 항상 검은 갑옷을 입었기 때문에 흑태자라 불렸어요.

흑태자는 아버지 에드워드 3세와 함께 전쟁터에 나갔어요. 하지만 하필이면 이때 스코틀랜드에 반란이 일어난 거예요. 할 수 없이 국왕인 에드워드 3세는 본국으로 돌아가고 흑태자는 겨우 7천 명의 병력과 함께 프랑스에 남았어요.

이 소식이 프랑스군에게도 알려졌어요. 특히 필리프 6세의 뒤를 이어 왕위에 오른 장 2세는 이번이야말로 지난번에 패배한 부끄러움을 씻어 낼 기회라면서 직접 군사를 이끌고 푸아티에(파리 남서쪽 40킬로미터 지점)

오를레앙 전투
1429년 프랑스 파리 남쪽에 있는 오를레앙에서 프랑스가 영국군을 물리친 전투이다. 잔 다르크가 참전한 최초의 전투였다.

 유인 전술
주의나 흥미를 끌어서 적을 꾀어내는 전술이야.

로 달려갔어요.

하지만 장 2세가 흑태자를 너무 만만히 본 게 탈이었어요. 프랑스가 병사들의 수는 월등히 많았지만, 흑태자의 유인 전술은 만만하지 않았지요. 프랑스군은 크레시 전투 때처럼 수많은 기사들이 죽었고, 심지어 장 2세 자신도 붙잡혀 영국으로 끌려가야 했답니다.

이처럼 번번이 영국군에 지던 프랑스군이 전세를 뒤집은 것은 오를레앙 전투 때였어요.

이즈음 프랑스군은 영국군의 대대적인 공격에 힘겨워 하고 있었어요. 영국군은 이번에야말로 프랑스 전 지역을 차지하겠다며 벼르고 달려들었어요. 프랑스의 운명은 그야말로 바람 앞의 등불이었어요.

1429년 어느 봄날에도 영국군은 오를레앙을 공격하여 정복할 기세였어요. 바로 이때, 겨우 열일곱 살밖에 되지 않은 한 소녀가 프랑스의 샤를 황태자를 찾아왔어요.

"신께서 저에게 프랑스를 구하라 하셨습니다."

어린 소녀의 말은 자신이 신의 계시를 받았다는 것이었어요.

황태자는 소녀에게 물었어요.

"네가 어떻게 우리 프랑스를 구할 것이냐? 신께서 명령하셨다는 증거가 있느냐?"

"저에게 군대를 주십시오. 그러면 지금 위기에 빠진 오를레앙을 구하겠습니다!"

소녀의 말에 황태자는 알 수 없는 믿음을 갖게 되었어요.

'저 어린 소녀도 나라를 구하겠다고 나서는데, 내가 무엇을 못하겠는가?'

마침내 황태자는 소녀의 부탁을 들어 주었어요. 소녀는 즉시 황태자가 내려 준 말을 타고, 한 손에는 신의 명령을 뜻하는 깃발을 들고 오를레앙으로 향했어요. 이 소녀가 바로 잔 다르크였어요.

이즈음 영국에 정복되기 직전의 오를레앙에 이상한 소문이 들리기 시작했어요.

"신의 계시를 받은 소녀가 군대를 거느리고 오를레앙을 구하기 위해서 오고 있다!"

프랑스를 구한 소녀 잔 다르크
열일곱 살에 신의 계시를 듣고 프랑스를 위해 전쟁터에 나갔다.

그 말에 프랑스군은 조금씩 용기를 냈어요. 이미 식
량이 떨어지고 무기도 바닥나 병사들은 더 이상 버틸
수 없는 상태였지요. 하지만 그들은 잔 다르크 소식에
희망을 갖기 시작했어요.

마침내 잔 다르크와 군대가 오를레앙에 도착했을 때, 프랑스군의 사기는 하늘을 찔렀어요. 배가 고파 쓰러져 가던 병사들도 일어나 싸웠고, 부상당한 병사들도 전투에 나섰어요. 잔 다르크는 대포가 불을 펑펑 뿜고 화살이 빗발치는 전쟁터 속으로 뛰어들어서 프랑스군을 격려했어요.

잔 다르크가 전한 용기와 격려 덕분에 프랑스군은 가까스로 영국군을 물리칠 수 있었어요.

"잔 다르크 만세! 프랑스가 이겼다!"

잔 다르크는 승리의 기쁨을 뒤로 하고 즉시 샤를 황태자에게 달려갔어요.

소녀의 도움을 받은 샤를 황태자
출생의 비밀로 왕이 되기 어려운 처지였다가 잔 다르크의 도움으로 왕위에 오를 수 있었다. 샤를 7세라 불린다.

"황태자님, 서둘러 대관식을 올리고 국왕이 되십시오. 그리고 또 다른 싸움을 준비해야 합니다!"

잔 다르크의 말에 샤를 황태자는 1429년 7월 17일에 대관식을 치르고 왕위에 올랐어요.

이어 잔 다르크는 위기에 처한 콩피에뉴 지방으로 달려갔어요. 그곳에서도 잔 다르크는 프랑스군에게 용기를 주고, 달아나는 적을 쫓았지요. 그러나 바로 이곳에서 잔 다르크는 영국군과 손을 잡은 부르고뉴 가문의 병사들에게 붙잡히고 말았어요.

병사들은 잔 다르크를 영국군에 팔아넘겼어요.

"잔 다르크는 마녀가 분명하다. 따라서 화형에 처해야 한다!"

영국군은 신의 계시를 받았다는 것을 믿을 수 없다며 잔 다르크를 마녀로 몰았어요. 잔 다르크는 일곱 번의 재판 과정을 거쳐 화형을 당하고 말았어요.

잔 다르크는 처형되었지만 프랑스군은 이전보다 더 많은 용기를 냈어요. 어린 소녀의 몫까지 싸워야 한다며 병사들마저 힘을 다해 영국군과 싸웠지요. 그런 덕분에 승리는 점차 프랑스 쪽으로 기울어 갔어요. 프랑스군은 이전까지 빼앗겼던 성과 마을을 하나둘씩 되찾았지요.

마침내 1452년, 프랑스군은 보르도에서 큰 승리를 거둠으로써 전쟁에 마침표를 찍었어요. 프랑스에 남아 있던 영국의 세력들도 모두 물러갔고요.

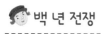 **백 년 전쟁**

100년 동안 계속 이어진 게 아니라 휴전 기간을 두고 띄엄띄엄 일어났어. 1396년에는 20년 이상 휴전에 합의하기도 했지.

백 년 전쟁은 영국과 프랑스 사람들이 각각 '나는 영국 사람이야.' 혹은 '나는 프랑스 사람이야.' 하는 국민의식을 강하게 심어 주었어요. 그뿐 아니라 봉건 사회가 무너지도록 한 획을 그은 결정적인 사건이었어요. 백 년 전쟁 이후에 왕권이 크게 강해져서 중앙 집권 국가가 탄생했거든요.

 중세 유럽의 문화

"철학은 신학의 시녀이다!"

중세에는 이런 말이 떠돌았어요. 한마디로 신학이 모든 학문 중에 으뜸이라는 말이었죠. 고대로부터 그때까지는 철학이 으뜸이었는데, 이제는 신학이 더 우선이라는 것이었어요.

중세 초기에는 많은 사람들이 성직자인 아우구스티누스의 생각을 따랐어요.

"우리는 무슨 일이 있어도 신에게 복종해야 합니다. 또한 교회는 구원받을 수 있는 유일한 곳입니다!"

 신학

종교에 대해 공부하는 학문이야.

아우구스티누스(왼쪽)
354년 북아프리카에서 태어난 아우구스티누스는 중세 크리스트교에 큰 영향을 끼쳤다.
토마스 아퀴나스(오른쪽)
1224년 이탈리아에서 태어난 아퀴나스는 그리스 철학으로 크리스트교를 이해하려 했다.

그러다가 사람들의 생각이 두 가지로 갈라졌어요.

"인간이 아무리 똑똑하다 해도 신을 믿지 않으면 소용이 없어. 이성보다 신앙이 더 중요해."

"이것저것 생각 없이 믿는 게 얼마나 어리석고 무모한지 알아? 오히려 이성을 중요시해야 해."

이렇게 신앙이 우선이냐, 이성이 우선이냐 서로 다투었지요. 이를 보다 못한 성직자 토마스 아퀴나스(65쪽)가 말했어요.

"인간은 행동합니다. 하지만 행동을 어떻게 하도록 하는 분은 신입니다."

인간보다 신이 우월하다는 뜻이었어요. 중세 사람 대부분이 이 생각을 따랐어요.

로마 가톨릭교 ■
그리스 정교 ■
이슬람교 ■
13세기까지 설립 대학 ◆
13세기 이후 설립 대학 ◆

글래스고
케임브리지
옥스퍼드
쾰른
마인츠
파리
하이델베르크
살라망카
툴루즈
파비아
파도바
아비뇽
볼로냐
리스본
로마
세비야
살레르노

중세 유럽의 크리스트교와 대학의 설립

14세기 볼로냐 대학의 강의실
1088년 문을 연 볼로냐 대학은 세계에서 가장 오래된 대학이다. 지금까지도 수많은 졸업생이 나오고 있다.

　이처럼 무엇보다 신을 우선으로 여겼던 중세에 여러 가지 지식을 다루던 사람은 성직자뿐이었어요. 따라서 학문을 연구하고 가르치는 곳도 교회와 수도원뿐이었지요.

　하지만 십자군 전쟁 이후 이슬람의 수학, 과학 등이 들어와 학문이 좀 더 다양해졌어요. 또한 이슬람 세계에서 9세기에 이미 번역한 그리스의 철학이 들어와 유럽의 크리스트교 신학에 영향을 주었어요. 그래서 스콜라 철학이 발달하게 되었지요.

　스콜라 철학은 크리스트교 신앙을 학문적으로 정리하고자 했던 중세 유럽의 철학이랍니다.

하지만 교회와 수도원 등에서만 하는 학문의 연구와 교육은 한계가 있었어요.

이 때문에 대학이 세워지게 되었어요. 대학은 처음에 길드처럼 시작되었어요. 교수 조합, 학생 조합 같은 형태였지요. 교육을 위한 길드였던 거예요.

중세 시대가 끝날 무렵에는 무려 80개의 대학이 유럽 전 지역에 세워졌어요.

물론 이 당시 대학에서는 교회의 교육 기관과는 달리 성직자는 물론이고 보통 사람들도 공부할 수가 있었어요. 하지만 시설이 부족했어요. 도서관은 물론 강의실도 제대로 갖추어지지 않았지요. 그래서 보통은 교회 건물을 빌려 수업을 진행하곤 했어요.

뿐만 아니라 아직 인쇄술이 발달하지 않아, 책이 아주 귀했고 간혹 있다 하더라도 값이 너무나 비싸서 실제로 학생들이 사서 보기 힘들었어요. 그 때문에 교수가 책을 읽어 주면, 학생들이 그것을 받아 적기도 했답니다.

이때 학교마다 조금씩 달랐지만, 보통은 철학과 법학, 의학, 신학 같은 네 개의 학부가 공통적으로 있었어요. 그리고 학생들은 일곱 개의 교양 과목을 더 배웠어요. 그 일곱 개의 교양 과목은 문법, 수사(말이나 글을

철학

인간의 삶과 세계의 근본 원리를 연구하는 학문이야.

학부

대학에서 전공에 따라 나눈 부를 말해.

교양 과목

학문과 문화에 대한 폭넓은 지식을 다루는 과목이야.

다듬는 일), 논리, 산술, 기하(도형과 공간), 천문, 음악이었어요.

이즈음 볼로냐 대학은 법률 공부로 유명했고, 파리 대학은 신학으로 유명했어요. 이들 대학에서 공부한 학생들은 교사와 법률가, 성직자, 관리가 되어 중세 문화 발전에 크게 기여했지요.

예술 작품도 종교의 영향을 많이 받았어요. 교회와 수도원 같은 건축물, 그리고 그 장식에서 많이 표현되었지요.

중세 시대 초기에는 로마네스크라 불리는 건축 양식이 유행했어요. 밖에서 볼 때는 별다른 장식이 없었어요. 천장은 반원 모양의 무거운 돌로 만들어졌고요. 그러다 보니 큰 기둥을 세우고, 벽을 두껍게 만들어야 했어요. 그 때문에 창문은 좁아졌지요.

이러한 건축 양식은 매우 안정감이 있어 보여서 신의 세계를 나타내는 교회나 수도원이 장엄해 보이도록 해 주었어요. 비스듬히 기울어진 채로 멈춘 피사의 사탑이 바로 중세 로마네스크 양식의 대표적인 예랍니다.

중세 로마네스크 양식의 예, 피사의 사탑
이탈리아 피사라는 도시의 피사 대성당에 있는 종탑이다. 1173년부터 200년 동안 8층짜리 로마네스크 양식으로 지어졌다. 지을 때부터 점차 기울어 지금은 5.5도에서 멈춰 있다.

**중세 고딕 양식의 예,
노트르담 대성당**
1163년부터 프랑스 센강의
시테섬에 짓기 시작해
100년 후 완공되었다.
이 성당에서 프랑스의
여러 역사적인 행사가
치러지기도 했다.

그러다가 13~15세기에 이르러 유럽의 북부를 중심으로 고딕 양식이라 불리는 건축 양식이 발달했어요.

신에게 가까이 닿으려는 소망으로 기둥은 가늘고 지붕은 하늘을 찌를 듯 높게 만들었어요. 나아가 그 위에 뾰족한 첨탑까지 세웠지요. 창문을 많이 만들고, 그 위

흑사병이 숲을 만들었어

흑사병 때문에 변한 것이 또 있었어요. 바로 땅이었지요. 흑사병이 돌기 이전에는 숲을 걷어 내고 논밭을 일군 곳이 많았는데, 흑사병으로 농사지을 사람이 줄어들면서 그 논밭이 다시 숲이 되었어요.

심지어 프랑스의 경우, 약 50~70년 후에는 그 숲이 파리 시내 가까운 곳까지 이르러서 시내 변두리에 늑대가 자주 나타났다고 해요. 그리고 100년이 지난 후에는 한때 마을이었던 곳까지 울창한 숲으로 뒤덮였답니다.

에 화려한 그림으로 장식했어요. 이를 스테인드 글라스라고 하지요. 그 색을 뚫고 들어온 빛이 교회 안을 다양한 색으로 비추어 신비스러운 느낌을 주었어요. 완성하는 데만 100년이 걸렸다는 노트르담 대성당이 바로 이를 대표하는 건축 양식으로 알려져 있답니다.

교황과 국왕이 자꾸 부딪힌 이유가 뭘까?

고릿고릿 중세 도시

중세의 도시는 대부분 성벽으로 둘러싸여 있었어요.
전쟁이나 약탈에 대비하기 위해서였지요.

성문은 해가 뜰 때쯤 열리고,
해가 질 무렵에는 굳게 닫혔어요.

성 한가운데 큰 길이 나 있었어요.
하지만 나머지 길은 구불구불했지요.
길은 포장되어 있지 않아서
비가 오면 진흙탕이 되었어요.
거리에는 양과 말, 소, 닭, 돼지도 함께 다녔어요.

공동 우물이 군데군데 있었지만,
그다지 깨끗하지 않았어요.

각각의 집에서 나온 쓰레기도
길가에 쌓여 있곤 했어요.

더러운 물이 내려가는 도랑이 아주 작았어요.
그래서 길거리는 항상 지저분했어요.
사실 이 때문에 흑사병이 더 빨리 퍼지게 되었지요.

3장 칭기즈 칸과 몽골 제국

키프차크한국
오고타이 한국
원
비잔티움 제국
흑해
일한국
차가타이 한국
서하
금
고려
일본
지중해
호라즘
남송
아라비아
아라비아해
벵골만

몽골 제국의 분열

몽골이 멸망시킨 나라 ■

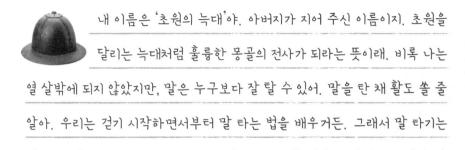 내 이름은 '초원의 늑대'야. 아버지가 지어 주신 이름이지. 초원을
달리는 늑대처럼 훌륭한 몽골의 전사가 되라는 뜻이래. 비록 나는
열 살밖에 되지 않았지만, 말은 누구보다 잘 탈 수 있어. 말을 탄 채 활도 쏠 줄
알아. 우리는 걷기 시작하면서부터 말 타는 법을 배우거든. 그래서 말 타기는
식은 죽 먹기보다 쉬워. 우리 몽골 사람들이 세계를 정복한 것도 모두 말을 잘
타기 때문이 아닐까?

칭기즈 칸의 탄생

**쿠릴타이에 의해
칸으로 오른 칭기즈 칸**
쿠릴타이는 몽골의
부족 회의이다.
쿠릴타이에서는 지배자인
칸을 뽑고 전쟁을 결정하는 등
부족의 중요한 일을 의논했다.

중세 유럽이 안정을 찾아갈 무렵, 중국 북쪽의 초원 지대에서 테무친이라는 아이가 태어났어요. 하지만 이 아이의 삶은 쉽지 않았어요. 이때만 해도 몽골에는 수많은 부족이 살고 있었는데, 그중 테무친의 부족은 힘없는 무리에 속해 있었기 때문이지요.

테무친이 아홉 살이 되었을 때, 아버지는 다른 부족 사람에게 죽임을 당해 세상을 떠났어요. 테무친 자신도 다른 부족이 자주 침입하는 바람에 여러 번 죽을 고비를 넘겨야 했어요. 열흘이 넘도록 숲속으로 도망다닌 적도 있었지요.

그러나 테무친은 그런 위험과 고통을 모두 이겨 냈어요. 그리고 다른 부족의 경쟁자들을 차례로 물리친 다음 마침내 1206년, 부족의 우두머리가 되었어요. 부족들은 테무친을 모든 몽골 민족의 지배자라는 뜻으로 칭기즈 칸이라 불렀어요.

대칸의 자리에 오른 칭기즈 칸은 가장 먼저 군대를 제대로 갖추었어요. 그러고는 날쌔고 용맹한 기마대를 앞세워 땅을 넓히려고 나섰어요. 칭기즈 칸은 남쪽에 자리 잡고 있던 서하를 정복한 다음 이어서 금나라를 노렸어요.

"우리 몽골 민족에게는 금나라를 정복할 임무가 있다. 저들을 내 발아래 있게 할 것이다!"

칭기즈 칸은 금나라에 원한이 많았어요. 금나라가 오래전부터 걸핏하면 몽골 초원으로 군사를 보내 곳곳의 마을을 공격하고, 재물을 빼앗았으며 남녀노소를 가리지 않고 죽였기 때문이에요.

그런데 마침, 금나라의 힘이 아주 빠르게 약해지고 있었어요. 관리들은 사치스러운 생활에 빠져 백성을 돌

대칸
황제라는 뜻으로 클 대(大)라는 한자와 군주를 일컫는 몽골 말 칸이 합쳐진 말이야.

금나라
여진족이 1115년에 세운 나라야. 1234년, 몽골 제국에 멸망당했어.

몽골의 전통 집 유르트
가축의 먹이를 찾아 여기저기로 다녀야 했던 몽골 사람들이 손쉽게 옮기고 지을 수 있는 집이었다. 나무로 뼈대를 세우고 가죽이나 천을 덮어 완성했다.

보지 않았고, 농민들은 거듭되는 가뭄과 세금에 시달려 살기가 몹시 힘겨웠어요. 칭기즈 칸은 이러한 금나라를 잘 살피면서, 한편으로는 군대를 더 철저히 훈련시키고 기회를 노렸어요.

　그러던 1211년 무렵, 금나라가 칭기즈 칸의 힘이 커지지 못하도록 막기 위해 먼저 공격을 해 왔어요. 칭기즈 칸은 비로소 군사를 일으켰어요.

　"몽골의 전사들이여, 묵은 원한을 풀 때가 왔다. 가자, 나의 전사들이여!"

　칭기즈 칸은 직접 기마병을 앞세워 순식간에 만리장성 가까이까지 갔어요. 그런데 이때만 해도 금나라 황

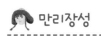

만리장성

중국에서 북쪽의 이민족이 쳐들어오는 것을 막기 위해 진나라 때부터 짓기 시작한 성벽이야.

제는 칭기즈 칸의 몽골군을 아주 얕잡아 보고 있었어
요. 초원을 떠돌던 민족이 무슨 힘이 있겠느냐 싶었던
것이에요. 그러나 칭기즈 칸은 만리장성을 지키던 금나
라군을 물리치고, 더 남쪽의 하북성을 손에 넣었어요.
그런 다음, 이듬해에는 금나라 도읍인 북경 앞까지 밀
고 들어갔어요.

도읍

한 나라의 수도를 일컫던 말
이야.

비로소 금나라 황제는 깜짝 놀랐지요. 금나라 황제는
남자아이와 여자아이 500명과 말 3천 필, 비단을 칭기
즈 칸에게 보냈어요. 그리고 군사를 돌려 돌아가 달라
고 부탁했지요.

칭기즈 칸은 일단 말 머리를 돌렸어요.

그러자 금나라 황제는 재빨리 도읍을 개봉으로 옮겼어요. 그리고 한편으로는 남송을 공격하여 나라를 되살리는 발판으로 삼으려 했지요. 하지만 남송도 강하게 저항하는 바람에 금나라는 뜻을 이루지 못했어요. 오히려 나라의 힘만 약해져 갔지요.

몽골은 칭기즈 칸의 아들 오고타이 칸 때 금나라를 정복할 수 있었어요.

몽골의 호라즘 정복

북경을 점령했을 때, 칭기즈 칸은 신하들에게 명을 내렸어요.

"천하를 다스리려면 뛰어난 인재가 있어야 하는 법이다. 누구든 좋으니 능력 있는 자를 찾아서 나에게 데려오라!"

신하들은 칭기즈 칸의 명령에 따라 이리저리 알아보며 여러 사람들을 찾아다녔지요. 그러다가 아주 특별한 젊은이를 발견하게 되었어요.

"칸이시여! 폐허가 된 북경에 홀로 남아 책을 본다는 자가 있어 데려왔습니다. 원래는 요나라 사람이었는데

남송

중국의 송나라는 1127년 금나라에 밀려 남쪽으로 내려갔어. 이때부터 1279년 원나라에 멸망당하기 전까지의 송을 남송이라고 해.

요나라

916년 거란족이 중국의 북쪽 지방에 세운 나라야. 1125년 금나라와 송나라의 공격으로 멸망당했어.

금나라에서 벼슬을 했다고 하옵
니다."

신하가 데려온 사람은 야율초
재였어요. 야율초재는 키가 훤칠
하고 어깨도 떡 벌어진 것이 얼
핏 보기에는 학자처럼 보이지 않
았어요.

하지만 야율초재는 태어날 때
부터 똑똑했을 뿐만 아니라 노력
할 줄도 아는 학자였어요. 아주
어렸을 때부터 공부를 시작했기
때문에 스무 살 무렵에는 천문과
지리를 아주 잘 알았고, 산술은
물론이고 의학도 잘 알았지요.

칭기즈 칸은 야율초재를 곁에 두기로 했어요. 이에
야율초재는 전쟁터까지 따라다니며 칭기즈 칸에게 아
낌없이 도움을 주었답니다.

어느 날, 칭기즈 칸은 야율초재에게 물었어요.

"호라즘을 공격하는 것에 대해 어찌 생각하는가?"

"호라즘은 동서를 오가는 길에 있는 나라여서 힘이
강하므로 일단 평화롭게 지내십시오."

**몽골 제국의 뛰어난 관리
야율초재**
칭기즈 칸, 툴루이, 오고타이
등을 거치며 능력을 발휘한
훌륭한 관리였어.

 호라즘

1077년, 오늘날의 우즈베키
스탄 지역에 세워져 1231년
까지 있던 이슬람 왕국이야.

오트라르

중앙 아시아 비단길에 있던
고대 도시야.

사신

왕이나 나라의 명령을 받고
외국에 가는 관리야.

그 말에 따라 칭기즈 칸은 호라즘 왕국에 낙타 500마리와 비단 등을 보내며 사이좋게 지내자고 했어요.

그런데 뜻밖에도 오트라르에서 칭기즈 칸의 사신들이 모두 죽임당하는 사건이 일어나고 말았어요. 오트라르에 있던 호라즘 관리가 이들이 간첩이라 생각하고 모두 죽여 버린 것이지요.

칭기즈 칸은 몹시 화가 났지만 다시 한번 사신을 보냈어요. 하지만 이번에도 사신들은 놀림을 당한 채 호

호라즘을
어찌하면 좋겠소.

사이좋게
지내야 합니다.

라즘의 궁궐에서 쫓겨나고 말았어요. 칭기즈 칸은 더이상 참을 수가 없었지요.

"호라즘을 몽골 초원의 앞마당으로 만들 것이다!"

이에 약 60만 명의 군사가 동원되었어요. 칭기즈 칸의 첫째 아들 주치와 둘째 아들 차가타이, 셋째 아들 오고타이, 그리고 막내아들 툴루이 네 명의 아들도 전투에 참여했지요. 그들은 중앙아시아 곳곳에 세워진 호라즘의 모든 도시를 하나씩 짓밟았어요. 몽골군의 공격은 거센 불길처럼 뜨겁게 불타올랐고, 꺼질 줄을 몰랐어요. 그때마다 여자와 어린아이들은 포로로 끌려갔고, 도시는 엉망이 되었어요.

몽골의 기마병은 곧 아시아와 유럽의 경계가 되는 카프카스산맥을 넘었고, 남러시아 땅에 이르렀어요. 이어 페르시아 지방으로 달려가더니, 곧 흑해 북쪽의 크림반도와 볼가강 유역을 휩쓸었지요.

몽골군은 아주 잔인했어요. 반항하는 적의 머리를 잘라 피라미드를 쌓기도 했고, 도시 전체를 불태우거나 부숴 버리기도 했어요.

칭기즈 칸이 동유럽까지 손에 넣고 몽골 초원으로 되돌아간 것은 원정을 시작한 지 7년 만이었어요. 칭기즈 칸은 돌아와 정복한 땅을 아들들에게 나누어 주었어요.

볼가강

오늘날 러시아 서쪽에 있는 강이야.

**칭기즈 칸의 아들이자
계승자 오고타이 칸**
몽골 제국의 2대 대칸이다.
고려 정치에 간섭하기
시작했고 1234년에는 금나라를
멸망시켰다. 1237년에는
러시아 키예프를 정복했다.

우선 몽골 본토는 자신이 직접 다스리고, 훗날 넷째 아들 툴루이에게 물려줄 것을 약속했지요. 그리고 맏아들 주치에게는 남러시아의 킵차크 초원 지대(훗날 킵차크한국), 그리고 둘째 차가타이에게는 중앙아시아 일대(훗날 차가타이한국)를 맡겼어요.

또한 셋째 아들 오고타이에게는 외몽골 서부에서 톈산산맥에 이르는 옛 몽골 땅(훗날 오고타이한국)을 다스리게 했답니다.

그리고 칭기즈 칸은 야율초재를 불러 앞으로 어떻게 나라를 다르리면 좋을지 물었지요.

"이 넓어진 나라를 어떻게 하면 효과적으로 다스릴 수 있겠소?"

"칸이시여! 넓어진 영토를 다스리기 위해서는 법과 제도를 하루 빨리 정리해야 합니다. 비록 몽골 사람이 아니라도 칸께 온 자는 백성으로 받아들여 보호해야 하옵니다. 그리고 앞으로는 칸의 명령 없이는 제아무리 높은 관리라고 하더라도 함부로 사람을 죽이거나 재물을 빼앗지 못하게 하옵소서."

그 말에 칭기즈 칸은 흔쾌히 고개를 끄덕였어요. 그

리고 이후 황제의 자리를 잇게 될 오고타이에게 이렇게 말했지요.

"야율초재는 신이 내린 선물이다. 앞으로 나랏일과 군사에 관한 일은 그와 의논하도록 하라!"

칭기즈 칸은 1227년 서하와의 전쟁 도중, 마지막 승리를 앞두고 세상을 떠났어요.

 # 몽골의 유럽 정복

칭기즈 칸이 사망한 후, 1229년 케룰렌 강가에서는 아주 중대한 부족 회의인 쿠릴타이가 열리고 있었어요. 이곳에는 칭기즈 칸 일가는 물론 부족의 원로와 장군들이 모두 참여하고 있었지요.

"우리 부족은 예로부터 막내아들이 아버지의 자리를 물려받아 부족장이 되는 풍습이 있습니다. 그대로 따라야 합니다."

칭기즈 칸의 막내아들 툴루이의 편에 선 사람들은 그 전통에 따르기를 원했어요. 재산도 툴루이가 물려받아야 한다고 생각했어요. 그러나 야율초재는 조심스럽게 다른 의견을 내놓았어요.

 케룰렌강

오늘날 몽골과 중국에 걸쳐 흐르는 강이야.

 원로

나이나 벼슬, 덕행으로 인해 명성이 높은 사람을 말해.

"하지만 칭기즈 칸께서는 유언으로 셋째 아드님이신 오고타이 왕자님을 칸으로 삼으라 하셨습니다."

그 말에 쿠릴타이는 수십 일 동안 결론을 내지 못했어요.

하지만 칭기즈 칸의 유언을 무시할 수 없었기에 쿠릴타이는 마침내 오고타이를 새 칸으로 올렸어요. 오고타이는 전투 경험이 풍부하고 형제들 사이에 싸움이 일어나면 나서서 잘 화해시켰어요. 그리고 성품이 온화하고 지도력이 뛰어나 칸으로서 나무랄 데가 없었지요.

이에 둘째 형 차가타이도 오고타이가 비록 동생이었지만 그 앞에 무릎을 꿇고 충성을 맹세했어요. 막내 툴루이는 불만이 전혀 없었던 것은 아니었지만 따라야 했어요.

새 칸이 된 오고타이는 먼저 군대를 보내 금나라를 멸망시키고 넓은 중국 땅을 차지했어요. 그러고는 유럽을 정복하러 나서기로 결심했어요.

"원정군을 이끌고 갈 장군으로 바투를 임명한다. 몽골의 전사들은 서쪽으로 가서 대제국의 힘을 보여 주고 오라!"

칭기즈 칸 이후 두 번째 유럽 원정 길에는 바투 외에도 오고타이의 아들 구유크와 툴루이의 아들 몽케가 앞장섰어요. 모두 칭기즈 칸의 손자들이었지요. 원정군은 무려 10만 명이 넘었어요.

몽골 원정군의 첫 번째 목표는 러시아였어요.

바투의 몽골군은 러시아의 크고 작은 도시들을 순식간에 차지하면서 블라디미르 대공국으로 들이닥쳤어요. 이때 유리 2세가 몽골군을 맞아 싸웠지만, 불과 열흘 만에 졌지요. 이 당시만 해도 작은 도시였던 모스크바 역시 단숨에 몽골군 아래에 들어갔어요. 이어 몽골군은 러시아에서 가장 큰 도시였던 키예프를 공격해 점령했어요. 이때 많은 주민들이 죽거나, 붙잡혀 노예가 되었어요. 남러시아의 대부분이 몽골의 말발굽 아래 놓이게 된 것이지요. 이후 약 250년 동안 러시아는 몽골의 지배를 받게 되었답니다.

하지만 바투의 군대는 여기서 멈추지 않았어요. 바투 자신과 일부 병사들은 헝가리 쪽으로 갔고, 수많은 전투를 치른 노련한 전략가 수부타이가 이끄는 병사들은

바투
칭기즈 칸의 장남인 주치의 아들이야.

대공국
유럽에서 황제보다 낮고 공작보다는 높은 사람인 대공이 다스리는 작은 나라야.

유리 2세
13세기 블라디미르 대공국의 대공이었어.

**성지를 지키는
튜턴 기사단**
독일 기사단이라고도 한다.
종교 기사단으로 오스트리아의
도시 빈에 중심지를 두고
로마 가톨릭 교회에 소속되어
활동했다.

폴란드와 남부 독일을 향해 진
격했어요.

이때, 폴란드 쪽으로 진격한
몽골군은 유럽 사람들에게 공
포감을 주기 위해 크고 작은 마
을을 닥치는 대로 불살랐고, 사
람들을 무자비하게 죽였어요.
그러고는 오늘날 폴란드와 체
코에 걸친 지역인 슐레지엔의 왕 헨리크 2세가 기다리
는 레그니차(오늘날 폴란드 서남부의 도시)까지 다다랐
지요.

1241년 4월, 헨리크 2세는 몽골과의 전투를 위해 가
까운 지역의 영주와 병사, 폴란드 기사들을 끌어모았어
요. 또한 튜턴 기사단에도 도움을 청했지요.

처음에 기세 좋게 몽골군을 향해 달려가던 기사들
은 곧 몽골군의 유인 작전에 말려들고 말았어요. 헨리
크 2세의 기사들은 도망치는 몽골군을 쫓다가 포위되
었고, 이어 몽골군의 화살에 절반이 목숨을 잃었지요.
나머지 기사들은 말에서 떨어져 날쌔게 덤벼드는 몽골
기마병들의 칼에 죽임을 당했어요. 헨리크 2세 자신마
저도 몽골군의 칼에 목숨을 잃었어요.

몽골군은 죽은 적군의 귀를 잘라 아홉 개의 거대한 자루에 가득 채워 승리를 축하했어요. 이를 레그니차 전투라고 하지요.

이 소식은 빠르게 유럽 전 지역으로 번져 나갔어요. 유럽 사람들은 공포에 떨었지요.

"아아, 이것은 하늘이 우리에게 내린 벌입니다!"

"오오, 신이시여! 우리를 구원하소서."

사람들은 서로 손을 붙잡고 기도를 했어요. 이탈리아 남부의 어떤 교회에서는 신에게 용서를 빈다는 의미로 수많은 사람들이 서로의 몸에 채찍질을 하며 기도를 올렸어요.

그럼에도 불구하고 몽골군은 행군을 멈추지 않았어요. 레그니차의 전투를 승리로 이끈 몽골군은 헝가리로 방향을 잡아 바투의 부대와 합세했어요. 그리고 헝가리의 수도 부다페스트로 진격했어요.

헝가리는 이때, 약 10만 명의 병사들을 끌어모아 부다페스트 가까이에서 수레방진을 펼쳤어요. 수레방진은 생각보다 견고했지요.

헝가리군을 포위한 몽골군이 아무리 강하다 해도 정면 승부는 불리한 점이 많았어요. 그래서 바투는 새로운 작전을 펼쳤어요.

레그니차 전투

1241년 폴란드 레그니차에서 몽골군이 유럽 연합군을 이긴 전투야.

수레방진

수레를 둘러싸고 임시 방어벽을 만드는 것을 말해.

적을 쫓는 몽골군
몽골 기마병이 활을 쏘며
적을 따라가고 있다. 몽골군은
말 위에서 잠을 자고 밥도
먹었다고 전해질 정도로
말을 잘 다루었다.

 투석기

돌을 쏘아 던지는 무기야.

"투석기와 폭약으로 요새를 공격하라!"

명령에 따라 투석기가 쉴 새 없이 수레방진 쪽으로 돌을 퍼부어 댔어요. 한편에서는 폭약을 터뜨리며 헝가리군을 겁줬지요. 그런 탓에 곧 수레방진도 무너졌어요. 몽골군은 저항하던 헝가리군을 남김없이 죽였어요. 도망쳐 숨어 있는 병사들까지 찾아내 목숨을 거두었지요.

"우리가 승리하였다. 이제 다음은 오스트리아로 진격할 것이다!"

바투는 칼을 높이 들어 외쳤어요.

하지만 오스트리아 침공은 계획대로 되지 않았어요.

오스트리아 침공을 준비하던 바로 그때, 몽골 초원으로부터 긴급한 연락이 도착했기 때문이에요.

"오고타이 칸께서 세상을 떠나셨습니다!"

바투는 무릎을 쳤어요. 어쩔 수 없이 몽골로 되돌아가야 했지요. 칸이 죽으면 그 다음 칸을 올리기 위해 외국에 나가 있는 모든 왕족들이 돌아와 쿠릴타이에 참여하는 것이 몽골의 관습이었어요.

관습

오랫동안 지켜 내려온 질서나 풍습을 말해.

바투는 하는 수 없이 오스트리아를 눈앞에 두고 말머리를 돌렸어요. 유럽으로서는 아주 다행스러운 일이었지요.

원나라의 탄생

오고타이의 뒤를 이어 그 아들 구유크가 세 번째 칸의 자리에 올랐어요. 하지만 구유크는 3년 만에 세상을 떠났고, 그 뒤를 이어 툴루이의 첫째 아들 몽케가 네 번째 칸의 자리를 물려받았어요.

그런데 몽케가 칸의 자리에 오르기까지 어려움이 있었어요. 오고타이의 가문에서 반란을 일으키는 바람에 몇 년 동안이나 나라 안에서 전쟁이 이어졌거든요.

**중국을 통일한
쿠빌라이 칸**
칭기즈 칸의 손자이다.
송을 쳐서 중국을 통일했다.
중국 문화를 장려하고 다양한
종교를 인정하는 등
원의 전성기를 이끌었다.

🐑 **카이두**

오고타이 칸의 손자야.

🐑 **중국 사람들**

옛날부터 중국 본토에서 가
장 많은 인구를 차지했던 사
람들을 한족이라 해.

그것은 몽케의 동생으로 다섯 번
째 황제의 자리에 오른 쿠빌라이
칸도 마찬가지였어요.

몽케 칸이 세상을 떠났을 때, 남
송과 전쟁을 치르고 있던 쿠빌라이
는 몽골로 돌아와 자신을 지지하는
사람들만 모아 쿠릴타이를 열고 어
렵게 다섯 번째 칸에 올랐어요. 그
러나 이를 거스르고 반항하는 사람
들이 많았어요. 특히 쿠빌라이의 동
생 아리크부카는 자신도 따로 쿠릴타이를 열고 "나야
말로 몽골 제국의 대칸이다!"라고 말했어요. 뿐만 아니
라 오고타이 가문의 카이두 역시 쿠빌라이가 칸이라는
사실을 인정하지 않고 끊임없이 나라 안에 전쟁을 일
으켰지요.

그럼에도 불구하고 쿠빌라이는 자신을 따르는 사람
들을 모아 몽골 제국을 새로운 나라로 만들어 가기 위
해 애썼어요.

쿠빌라이는 중국에 대해 관심이 깊었어요.

"우리는 중국 사람들을 무조건 멸시하고 업신여길 게
아니라, 중국 사람들이 우리에게 충성하게끔 보살펴야

합니다. 또한 그들에게 배울 게 있으면 마땅히 배워야
합니다."

쿠빌라이가 이런 생각을 갖게 된 데에는 어머니 역할
이 컸어요. 쿠빌라이의 어머니는 아들들이 어렸을 때부
터 중국의 학자나 승려를 모셔다 좋은 말씀을 듣게 해
주었어요. 쿠빌라이는 형제들 중에서도 어머니의 깊은
뜻을 가장 잘 이해하고 받아들였지요.

이런 생각은 야율초재의 생각과 비슷했어요. 오래전
오고타이 칸이 다스리고 있을 때 한 관리가 이런 말을
했어요.

"칸이시여! 몽골 제국에 중국 사람은 전혀 쓸모가 없
습니다. 중국 사람이 일구는 논과 밭을 모두 쓸어버리
고 풀밭으로 만드십시오. 그런 후, 말과
양이 풀을 먹게 하면 우리 몽골의
힘은 더없이 커질 것입니다."

하지만 이때 야율초재는 반대
하는 의견을 내놓았어요.

"나라의 장래를 위해서
는 오히려 중국 사람들
이 농사를 짓게 하고
대신 세금을 거두어들

이면 훨씬 더 이득이 클 것이옵니다! 중국 사람들 또한 칸에게 감사할 것이옵니다."

그래서 오고타이가 한 지역을 골라 야율초재의 생각을 시험해 보게 보았어요. 그랬더니 2년 후에 야율초재가 말한 만큼 세금이 걷히는 것이었어요. 이를 보고 오고타이는 "그대만큼 능력 있는 신하는 없을 것이오."라며 크게 칭찬했답니다.

하지만 쿠빌라이의 생각은 몽골의 황족과 귀족들 사이에 웃음거리가 되었어요.

"쿠빌라이는 온 세상을 초원으로 만들어 몽골의 말이 짓밟게 하라는 칭기즈 칸의 말씀을 잊었는가?"

그럼에도 불구하고 쿠빌라이는 그 생각을 버리지 않았어요.

쿠빌라이는 칸의 자리에 오르자 왕실 안팎에 자신의 생각을 분명히 알렸지요.

"몽골의 칸은 중국의 황제이기도 하다!"

또한 칸에 오른 지 11년이 지난 후에는 나라의 이름을 '대원'이라 칭했어요. 이때부터 몽골 제국은 원나라로 불리게 되었지요. 뿐만 아니라, 쿠빌라이는 몽골의 전통이었던 천막 생활을 포기하고 궁궐을 지어 살기 시작했어요.

 원나라

몽골 제국 중 중원(중국) 지역이 '원'이라는 중국식 왕조가 되었어. 나머지 지역에는 오고타이한국, 차가타이한국, 킵차크한국, 일한국(칭기즈 칸의 손자 훌라구가 세움)이 있었어.

그렇다고 쿠빌라이가 몽골의 자긍심을 잊은 건 아니
었어요. 한자를 대신해 새로이 몽골의 파스파 문자를
만들도록 지시하기도 했답니다. 또 모든 국민을 4등급
으로 나누고 한족을 3~4등급에 두었지요.

파스파 문자

1269년 승려 파스파가 만든
몽골 문자야.

이후 쿠빌라이는 정복 전쟁을 멈추지 않았
어요. 아직도 근근이 버티고 있는 남송을
치기 위해서 군대를 보냈지요.

남송 군대가 아무리 저항해도 거친
몽골군의 공격을 막아 낼 수는
없었어요. 몽골군은 양양성을 점
령하고 곧바로 남송의 도읍 임안을
공격했어요. 이때 남송의 재상 가사도는 10만
의 군사를 이끌고 나가 바얀 장군이 이끄는
몽골군과 싸웠으나 크게 지고 말았지요.
그 탓에 남송의 황제와 태후 등 왕족
들은 물론 수많은 귀족과 관리들이
포로가 되고 말았어요.

몽골군의 투구
몽골군은 강철로 만든
투구를 쓰고 전쟁터로 나섰다.

다만 몇몇 충성스런 신하들이 황
제의 형제들과 함께 남쪽의 애산
지방으로 달아나 저항을 계속했어요.
하지만 몽골군은 이들을 끝까지 뒤쫓았어요.

결국 남송의 마지막 황제와 수많은 신하, 궁녀들은 스스로 바다에 몸을 던져 목숨을 버렸어요. 남송은 그렇게 멸망했답니다.

이로써 쿠빌라이는 중국 전체를 손아귀에 넣었고, 세계를 뒤흔드는 제국이 되었어요.

그 뒤에 쿠빌라이는 고려를 종속국으로 만든 뒤, 군대를 보내 일본에 쳐들어가려 했어요. 하지만 두 번에 걸친 시도는 실패하고 말았어요.

종속국

독립 국가이지만 사실상 정치나 군사가 다른 나라에게 지배받는 나라야.

**몽골군과
일본군의 전투**
원나라가 일본을 점령하기 위해 왔을 때, 일본은 가마쿠라 막부 시대였다. 몽골군과 일본군의 전투 모습이 생생하다.

– 〈몽고습래회사〉

하필이면 태풍이 몰아닥쳐 바닷가에 배를 댄 몽골군의 함선이 크게 부서지고 수많은 군사들이 물에 빠져 목숨을 잃었기 때문이에요.

일본 사람들은 이때 자신들의 목숨을 구해 준 태풍을 '신의 바람(신풍)'이라 불렀답니다.

마르코 폴로의 동방견문록

몽골 제국이 갈라지면서 원나라가 탄생했어요.

원나라가 하루 빨리 풀어야 할 문제는 중국을 통일하여 넓어진 땅을 어떻게 다스리느냐 하는 것이었어요. 이를 위해 원나라의 관리들은 도로를 잘 정리하고 고쳤어요. 그 덕분에 이 길을 따라 수많은 사람과 물건이 동서로 오고 갔어요.

동서로 오고 간 길

중국과 유럽, 아라비아를 이어 준 길로는 기원전 6, 7세기 이후 북쪽 유목민이 주로 이용한 초원길, 한나라 때 개척된 비단길, 인도를 중심으로 한 바닷길이 있었어.

원나라 동전과 항아리
원나라에서는 주로 지폐가 쓰였고 동전은 보조적으로 사용되었다.
또한 백자 위에 푸른색 안료로 그림을 그린 청화백자가 유행하기도 하였다.

우선 상인들이 원나라로 몰려들었어요.

"이 과일은 복숭아라고 하오. 혹시 내가 구하려는 장미라는 이름의 꽃을 본 적이 있소?"

유럽과 페르시아, 아라비아에서 온 상인들은 그밖에도 오렌지와 생강, 계피를 가져왔어요. 그리고 그들은 중국에서 서양으로 여러 가지를 가지고 갔지요. 종이와 화약, 대포와 나침반 같은 것들이었어요.

뿐만 아니라 크리스트교를 널리 알리기 위해 원나라를 찾는 선교사도 있었고, 천문학과 물리학 등 조금 더 발전한 학문이 들어오기도 했어요.

이처럼 동서가 활발하게 문물을 나눌 수 있었던 것은 쿠빌라이의 독특한 생각 때문이었어요.

'이 나라가 오래도록 번창하려면 중국 사람은 물론이고 우리가 정복한 수많은 민족들을 잘 달래서 몽골 민족과 어우러지게 해야 한다. 그들에게도 각각 서로 다른 재능이 있을 터이니, 그 모든 재주를 모아 여러 가지 새로운 문화를 만들어야 해!'

그런 생각을 바탕으로 쿠빌라이는 색목인을 불러들여 경제와 관련된 벼슬을 주었어요. 물론 학식이 풍부하고 재주가 많은 중국 사람이나 스님, 선교사까지 불러들여 의견을 듣기도 했지요. 덕분에 쿠빌라이의 조정은 전 세계에서 온 사람들로 북적거렸어요.

정복 전쟁에 참가해서 이름난 몽골 장군, 이슬람 상인, 페르시아에서 온 과학자, 유럽에서 건너온 성직자까지 궁궐을 드나들었어요. 이들 중에는 마르코 폴로 같은 여행가도 있었어요.

마르코 폴로가 원나라에 오게 된 것은 아버지 니콜로 폴로와 삼촌 마페오 폴로 덕분이었어요.

니콜로 폴로는 이탈리아 상인으로 유럽의 동쪽 지방인 아시아를 여행하다가 원나라의 쿠빌라이를 만난 적이 있었어요. 이때 쿠빌라이는 편지 한 장을 써 주면서 로마의 교황에게 전달해 달라고 부탁했지요. 이에 니콜로 폴로는 편지를 교황에게 전했어요. 그러자 교황은 답장과 선물을 다시 쿠빌라이에게 전해 달라고 부탁했지요. 바로 이때 니콜로 폴로는 17세의 마르코 폴로를 데리고 다시 원나라를 향해 떠났어요.

마르코 폴로는 원나라에 이르는 동안 수없이 많은 모험을 겪었고 여러 번 위기도 맞았어요. 강도떼를 만나거나, 사막을 건너다가 물이 부족해 고생을 하기도 하고, 들짐승에게 쫓기기도 했지요. 그렇게 4년 동안 여행하여 마르코 폴로와 함께 간 사람들은 드디어 원나

상도

원나라의 두 수도 중 하나야. 대도의 위 고비 사막 남쪽에 있었어.

라의 상도에 도착했어요.

"쿠빌라이 폐하! 폐하의 명을 지키고 왔나이다!"

니콜로 폴로는 쿠빌라이 앞에 무릎을 꿇고 말했어요. 그러자 쿠빌라이는 크게 기뻐하면서 이들을 맞았지요. 특히 젊은 마르코 폴로를 크게 반기고 며칠 동안 여행 중에 겪었던 일들을 들으며 즐거워했어요. 그러더니 마르코 폴로를 대도까지 데리고 갔어요.

"마르코 폴로, 그대에게 벼슬을 내릴 테니 곁에서 나를 도와주시오."

쿠빌라이의 부탁을 듣고 마르코 폴로는 대도에 남았어요. 그리고 쿠빌라이의 명에 따라 여러 도시를 돌아보거나, 왕이 보내는 신하로서 다른 나라

대도
원나라의 두 수도 중 하나야. 지금의 북경이지.

아시아를 통과하는 마르코 폴로 무리
마르코 폴로는 이탈리아 베네치아 출신 상인이다. 아시아로 여행을 떠나 원나라에서는 17년간이나 벼슬을 하며 지냈다.

에 가기도 했지요. 그런 후에는 반드시 쿠빌라이에게 보고를 잊지 않았어요. 그렇게 17년의 세월이 훌쩍 지나갔어요.

그러던 중, 마르코 폴로는 페르시아로 시집가는 원나라 공주를 따라가며 보호하는 무리에 함께하게 되었어요. 이들과 함께 마르코 폴로는 1295년 다시 베네치아로 되돌아왔지요. 그리고 자신이 원나라에서 겪은 이야기를 사람들에게 들려주었고, 루스티첼로라는 사람이 마르코 폴로의 중국 여행기를 엮어 책으로 펴냈답니다. 《동방견문록》이 바로 그 책이에요.

이처럼 여러 나라 사람이 원나라의 대도를 드나들었지만, 중국 사람들에게는 웬만해서 벼슬의 기회가 주어지지 않았어요. 중요한 벼슬자리는 주로 몽골 사람과 색목인이 차지했어요. 중국 사람들은 푸대접을 받았지요. 그나마 일찌감치 몽골에 복속된 중국 사람들은 낮은 관리가 되기도 했어요. 중국 사람들은 아무리 공부를 많이 해도 높은 벼슬에 오를 수 없었답니다.

마르코 폴로의 여행기 《동방견문록》
마르코 폴로가 여행한 아시아의 이야기가 담겨 있다. 이후 이 책은 콜럼버스 등 많은 유럽 사람의 상상력을 자극했다.

각본
- - - - - - - - - - - - - - - -
연극과 영화를 위해 배우의 동작과 대사, 무대 장치 등이 적혀 있는 글이야.

중국 사람들은 불만을 연극 각본과 소설로 만들어 표현했어요.

이때 쓰인 연극 각본을 '원곡'이라 불렀는데, 이를 토대로 만들어진 연극을 몽골 사람들도 꽤 좋아했어요. 왜냐하면 중국 사람의 생활 풍습이나 문화에 대해 굳이 어려운 책을 보면서 공부하지 않아도 궁금증을 풀어낼 수 있었기 때문이에요. 그래서 소설로 쓰인 《수호전》과 《삼국지연의》도 연극으로 만들어져 공연되었답니다.

이처럼 중국 사람들은 원나라에서 억압받으면서도 예술을 하려는 열정을 감추지 못했어요. 조맹부는 서예와 그림으로 이름을 크게 알렸고, 안휘는 신선을 잘 그리는 화가로 유명했지요.

수호전

송나라 때 송강을 비롯한 108명의 남자들이 탐관오리를 잡아 벌주는 이야기야.

삼국지연의

중국 위, 촉, 오 세 나라의 역사를 담은 소설이야.

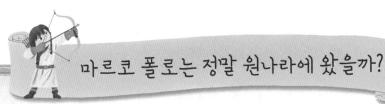

마르코 폴로는 정말 원나라에 왔을까?

'마르코 폴로가 정말로 원나라까지 왔을까' 하고 의심하는 사람들도 꽤 있어요. 왜냐하면 마르코 폴로 자신은 동쪽 지역을 여행했다고 주장했지만, 정작 중국과 원나라의 역사 자료에는 그의 이름이 나오지 않기 때문이에요. 더구나 17년이나 머물면서 쉽게 접할 수 있었던 중국 사람의 습관, 예를 들면 차를 마시는 것, 젓가락을 사용한 것, 만리장성, 한자와 인쇄술에 대한 이야기가 《동방견문록》에는 전혀 없어요. 게다가 《동방견문록》은 어느 것이 진짜인지 모를 만큼 수없이 베껴 쓴 필사본이 많이 있답니다.

원나라는 이렇게 활발하게 문화가 꽃피고 세계 사람들이 오가는 화려한 나라였어요.

하지만 황제를 뽑을 때마다 나라 안 다툼이 심했고 관리들이 백성을 잘못 다스리는 경우가 많았어요. 더구나 몽골 사람보다 훨씬 많은 중국 사람과 사이가 좋지 않아 역사가 오래 이어지지는 못했답니다.

원나라가 중국 사람들을
푸대접한 이유는 뭘까?

마르코 폴로의 신기한 여행기

벵골만 남쪽의 안가만섬

안가만섬의 원주민들은 생긴 모습이 특이한데,
머리가 개와 아주 비슷하답니다.

중국 북서쪽의 롭 사막

롭 사막에는 나쁜 유령들이 항상 나타나요.
여행객들은 이 사막을 지날 때, 친구가 자신을 부른다고 착각해서
함께 가던 무리를 빠져나와 죽음을 맞기도 하지요.

중국 중부의 카인두

카인두 지역 사람들은 소금물로 화폐를 만들어 써요.
이들은 소금 우물의 물을 가지고 와서 끓인 다음,
끈적끈적해지면 소금 덩어리를 뭉쳐 작은 호리병 모양을 만들지요.
그 값이 약 40원 정도 나간다고 해요.

= 40원

지팡구(일본)

지팡구에는 황금과 보석이 어마어마하게 많아요.
궁전의 지붕은 금판으로 덮여 있고,
사람이 죽은 후에는 입속에 진주를 넣는다고 해요.
대칸이 이곳을 정복하려 했지만 신풍이 불어 실패했답니다.

남도와 여도

아라비아 반도 아래쪽에 남도와 여도라는 섬이 있어요.
이곳의 남도에는 남자만, 여도에는 여자만 살아가요.

4장 동아시아의 중세

상도

대도

동해

일본

원

고려

14세기경의 동아시아

벵골만

나는 개경에 사는 순이야. 아직 열한 살밖에 안 됐지만 내일모레 연지

곤지 찍고 혼인을 해야 해. 혼인을 하지 않으면, 원나라에 끌려갈지도

몰라. 인삼이랑 청자로 세계에 이름난 고려에서 이게 웬일이니! 이게 다 원나라

가 고려를 지배하기 때문이야. 해마다 젊은 고려 처녀를 몽골로 보내야 하거든.

하지만 혼인한 여자는 데려가지 않아. 그래서 부모님이 서둘러 나를 혼인시키

려 하는 거야. 이제는 아예 우리 고려의 풍습이 되어 버렸어.

고려의 건국과 발전

후삼국 시대 지도

발해

평양

동해

철원

송악

후고구려

황해

신라

후백제

신라 말, 나라가 혼란스러워지자 지방 세력들이 더욱 커졌어요. 심지어 어떤 무리는 힘을 키워 아예 한 지역을 통째로 다스리기도 했어요. 그중 견훤과 궁예가 가장 힘이 컸어요. 견훤은 호남 지방을 중심으로 일어나 후백제를 세웠고(900년), 궁예는 중부 지방을 차지하더니 후고구려를 세웠지요(901년). 후삼국 시대가 열린 것이에요.

특히 후고구려는 젊고 용맹한 장수 왕건의 활약으로 더욱 넓은 영토를 얻을 수 있었어요. 왕건은 뛰어난 무예와 현명한 전술로 경쟁 상대인 후백제를 남북에서 공격했어요. 그에 자신감을 얻은 궁예는 나라 이름을 '마진'에서 '태봉'으로 바꾸었고, 도읍을 송악(개성)에서 철원으로 옮겼지요.

그런데 이 무렵부터 궁예는 궁궐을 호화롭게 짓고 나랏일을 소홀히 했어요. 그런가 하면 자신은 사람의 마

견훤

후백제의 첫 번째 왕으로 중국과 사이좋게 지내며 세력을 키워 나갔어.

후삼국 시대

901년부터 936년까지 후백제, 후고구려, 신라가 서로 맞서던 때를 말해.

음을 읽을 수 있다고 말하며, 제멋대로 쓴 불경으로 신
하들을 가르치기도 했지요. 심지어 사나워지기까지 해
서 조금이라도 바른말을 하는 신하들의 목을 가차 없
이 베었어요. 나랏일을 돌보라며 충고하는 왕후마저도
쇠꼬챙이로 찔러 죽이고 말았지요.

　이를 보다 못한 홍유와 배현경, 신숭겸, 복지겸과 같
은 장수들이 뜻을 모았어요.

"사납고 나쁜 군주를 물리치고 새 임금을 세워 나라
를 구해야 합니다!"

　그리고 장수들은 왕건을 새 임금으로 올렸어요. 이
에 왕건은 여러 번 사양하다가 마침내 칼을 빼들었
어요.

　왕건은 궁예를 몰아내고 새 나라를 세웠어요.
바로 고려였어요. 왕건은 곧 신라를 합치고,
후백제마저 손에 넣어 다시 한번 삼한(한반
도 땅을 일컬음)을 통일했어요. 나라의 수도
를 송악으로 옮기기도 했지요.

　그러나 고려를 세운 초기, 나라 안팎
으로 위기가 닥쳐 왔어요. 왕건이
죽은 뒤에 왕족들 사이에 권력
다툼이 치열하게 벌어졌고,

궁예
신라 진골 출신으로 후고구
려를 건국했어.

그 일이 잠잠해질 무렵에는 북쪽에서 요나라가 쳐들어왔어요(993년). 고려가 송나라와는 사이좋게 지냈지만 요나라와는 그렇지 않았거든요.

"국왕이 직접 나와 항복하지 않으면 고려 땅을 쑥대밭으로 만들 것이다!"

80만 대군을 앞세운 요나라 장수 소손녕이 편지를 보내 협박했어요. 그러자 몇몇 신하들이 겁을 집어먹고 서경(평양) 밖 북쪽에 있는 땅을 넘겨주자는 의견을 내놓았어요. 그러나 서희가 이를 반대했어요.

소손녕
요나라 임금의 사위이자 장수였어. 993년 고려를 침공했지.

"폐하! 군사가 많다고 전쟁에서 이기고, 적다고 지는 것이 아닙니다. 만약 우리가 적의 약점을 잘 알고, 그에 맞게 계획한다면 틀림없이 이길 수 있사옵니다."

그리고 서희는 적과 이야기를 해 보겠다며 요나라 장수 소손녕에게 달려갔어요. 그러자 소손녕은 서희에게 고려 땅 중 한 부분을 달라고 말했어요.

"우리 요나라는 옛 고구려 땅에서 일어난 나라요. 그러니 고구려의 옛 땅은 우리의 것이오. 그런데도 고려는 서경 너머 북쪽의 땅을 차지하고 있소."

이어 서희가 대답했어요.

고려의 외교관, 서희
서희는 고려의 외교가로 칼이나 전투 없이 말로 강동 6주를 되찾았다.

"고구려를 이어받은 것은 우리 고려요. 그래서 나라 이름도 고려라 지었소. 또한 우리가 요나라와 사이좋게 지내지 못하는 것은 고려와 요나라 사이에 여진족이 있어 사신과 상인들이 오가기 위험하기 때문이오. 우리 고려는 곧 여진을 몰아내고 그곳에 성을 쌓을 것이니, 요나라는 간섭하지 마시오."

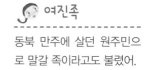

여진족

동북 만주에 살던 원주민으로 말갈 족이라고도 불렀어.

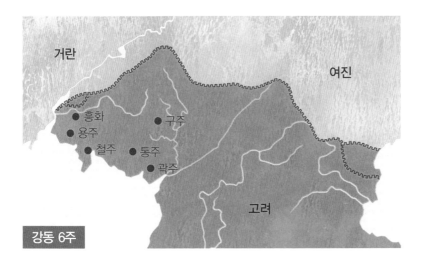

강동 6주

서희가 이렇게 설득하여 고려는 오히려 잃어버렸던 서북쪽의 흥화와 용주, 통주, 철주, 구주, 곽주 같은 지역을 다시 찾을 수 있었어요. 이곳을 강동 6주라 부르지요.

하지만 그렇다고 요나라가 위협을 그친 것은 아니었어요. 애써 되찾은 강동 6주를 내놓으라는 둥, 고려 임금이 요나라로 직접 찾아와 예의를 갖추라는 둥, 시비를 걸더니 이번에는 40만 대군을 보내 왔어요(1010년).
다행히 이때는 강조와 양규 장군의 활약으로 요나라를
물리칠 수 있었지요.

　그로부터 8년 후 이번에는 요나라 임금이 직접 군사
를 이끌고 고려를 침략했어요.

　이때, 강감찬 장군이 나섰지요.

　강감찬 장군은 요나라군과 벌판에서 싸움을 벌이다
가, 좁은 계곡으로 유인하여 공격했어요.

　"공격하라! 놈들을 하나라도 살려 보내지 말라!"

　강감찬의 명령에 고려군은 앞다투어 달려 나갔어요.

강감찬
거란의 침략을 막아 낸 고려
시대의 장수야.

창과 검이 부딪히는 소리와 비명이 들판을 가득 메웠지요. 처음에는 양쪽 군대의 싸움이 팽팽했어요. 그런데 갑자기 눈보라가 요나라군 쪽으로 휘몰아치기 시작했어요.

"하늘도 우리를 돕는다. 고려군은 멈추지 말고 공격하라!"

과연 요나라군은 맞부딪쳐 오는 눈보라 때문에 눈을 제대로 뜨지 못했어요. 요나라 병사들은 칼을 허공에 휘둘러 댔지요. 싸움은 오래지 않아 고려군의 승리로 끝났어요. 처음 10만 명이나 되던 요나라 병사들 중에서 살아 돌아간 병사는 고작 수천 명에 지나지 않았어요. 이 싸움을 귀주대첩이라 불러요.

귀주대첩

1019년 고려 현종 때 귀주에서 고려군이 거란을 물리친 싸움이야.

여진족을 물리친 윤관
윤관은 고려의 명장군이다.
1107년 17만 명의 군사를 이끌고
함경도에서 여진족을 물리쳤다.

– 〈북관유적도첩–척경입비도〉

🙂 **숙종**

고려 15대 왕으로 학문을 많
이 알고 검소한 왕으로 알려
져 있어.

하지만 고려를 노리는 이민족은
요나라뿐만이 아니었어요.

숙종 임금(재위 1095~1105년)
이 나라를 다스릴 때에는 여진족
이 고려의 동북쪽 국경(두만강 부
근)을 넘나들었어요. 여진족은 오
아속 추장이 부족을 이끌면서 나
라를 세울 만큼 커졌어요. 그들은
고려의 국경을 넘어와 약탈을 일
삼고 고려의 영토를 야금야금 차
지했지요.

이에 숙종 임금은 임간 장군을
보내 싹 쓸어버리려 했지만, 오히
려 여진족의 기병에 크게 지고 말았어요.

이번에는 윤관 장군을 보냈어요. 윤관은 여진족의 사
정을 파악하고 우선 별무반이라는 새로운 부대를 만들
었어요. 별무반은 신기군(기병으로 구성한 부대), 신보군
(보병으로 구성한 부대), 항마군(승병으로 구성한 부대)을
통틀어 이르는 말이었지요.

1107년, 윤관은 별무반을 잘 훈련시킨 다음 국경으로
말을 몰았어요. 윤관은 우선 여진족 마을에 사신을 보

내 고려에서 잡은 포로를 돌려주겠다며 족장들을 끌어들여 그들의 목을 베었어요. 그런 뒤 여진족의 활동 중심지를 공격했어요. 여진족도 나름대로 숲과 계곡에 숨어 끈질기게 저항을 했지요. 이들이 얼마나 빠르고 날쌘지 윤관 장군도 포위되어 갇히는 위험에 처하기도 했어요.

하지만 윤관 장군은 며칠 만에 여진족의 37개 부락을 차지할 수 있었어요.

🙂 기병

말을 타고 싸우는 병사야.

🙂 별무반

여진족을 공격하기 위해 만든 임시 군사 조직이야.

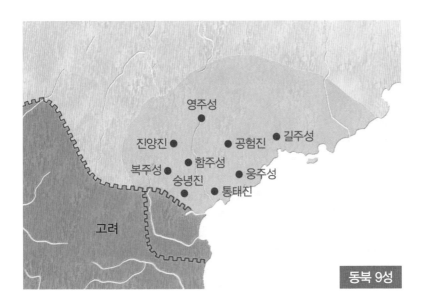

동북 9성

또한 여기에 만족하지 않고, 달아나는 여진족의 뒤를 쫓아 그들이 버리고 간 땅에 함주, 영주, 웅주, 길주, 복주, 공험진, 숭녕진, 통태진, 진양진 등 아홉 개의 성을 쌓았어요. 이것을 동북 9성이라고 부르지요.

고려 무신, 정권을 잡다

외적의 침입이 수그러들자 고려의 임금 의종(18대, 1146~1170년)은 나랏일을 돌보는 데 소홀해졌어요. 의종은 환관을 옆에 두고, 그들에게 나랏일을 맡겼지요. 그리고 자신은 놀고 즐기는 일에 빠졌어요.

대궐의 동쪽에는 놀이를 위해 따로 궁궐을 지었고, 남쪽에는 백성들의 집 50채를 강제로 부수고 정자를 꾸몄어요. 인공 폭포까지 만들어 놓고, 그곳에서 술을 마시며 놀았어요.

백성과 신하들은 의종 임금을 원망했어요. 특히 무신들의 불만은 하늘을 찌를 듯했지요. 왜냐하면 의종이 나들이를 떠날 때에는 비가 오나 눈이 오나 먹지도 못한 채 임금과 문신들을 지켜야 했기 때문이에요. 여기에 더하여 문신들은 걸핏하면 꼬투리를 잡아 무신들을 괴롭혔어요.

그러던 1170년 여름 어느 날이었어요. 임금이 문신과 환관들을 앞세우고 보현원으로 나들이를 떠났어요.

그런데 가는 길목에서 행차를 멈춘 의종이 문득 여러 대신들에게 말했어요.

"가는 길이 심심하구나. 이곳에서 잠시 쉬며 오병수

환관

임금을 가까이 모시는 일을 하는 사람이야. 조선 시대의 내시와는 조금 달라.

무신

무술을 기르고 군사를 돌보던 관리야.

문신

학문을 연구하고 법률에 관한 일을 맡았던 관리야.

보현원

궁궐 바깥에 있던 놀이 장소야. 오늘날 경기도에 있었어.

박희를 열자꾸나. 재주가 뛰어난 무신에게는 상을 내릴 것이다!"

🐷 오병수박희

- - - - - - - - - - - - - - - -

고려 시대에 즐기던 경기로 지금의 권투와 비슷해.

왕의 명령에 따라 젊은 무사들이 나와 힘과 무예를 겨루었어요. 그러다가 내리 세 판을 이긴 병사 하나가 외쳤어요.

"자! 나와 대결할 자는 앞으로 나오시오."

이때, 머리가 희끗희끗한 장수 이소응이 앞으로 나섰어요. 이소응은 힘으로는 젊은 병사를 당해 낼 수 없었으나, 무신들을 격려하기 위해 나선 것이었어요. 당연히 이소응은 별로 힘을 써 보지도 못하고 나동그라지고 말았어요.

철로 만든 고려의 칼
길이가 1미터 정도이다.
이 칼은 특별히 나쁜 기운을 막을 수 있도록 호랑이를 뜻하는 인년, 인월, 인시(새벽 3~5시)에 만들어졌다고 한다.

바로 이때 젊은 문신 한뢰가 앞으로 나서더니 다짜고짜 이소응의 뺨을 때렸어요.

"한심하구나! 장수라는 자가 병졸 하나를 이기지 못하느냐?"

그러자 문신들은 낄낄거리며 이소응을 비웃었어요. 이때 무신들의 우두머리 격인 정중부가 한뢰를 꾸짖었지요.

"네 이놈! 참으로 무례하다. 이 소응 장군은 벼슬이 3품이다. 나이로 보아도 네 아비뻘인데, 어찌 함부로 손을 놀리는 것이냐!"

정중부는 여차하면 칼이라도 뽑을 기세였어요. 그런데 마침 임금이 나서서 말리는 바람에 화를 누그러뜨렸어요.

정중부는 일단 칼을 넣고 부하 장수 이고와 이의방을 불렀어요.

이의방

고려 시대의 무신이야. 딸을 명종에게 시집 보내 세력을 잡기도 했어.

"이제는 더 이상 참을 수가 없소. 두 사람은 군사를 빼내 먼저 보현원으로 가시오. 그리고 임금의 행차가 닿으면 문신 놈들을 모조리 죽여 버리시오."

이윽고 반나절 만에 임금의 행차가 보현원에 다다랐어요. 그러자 미리 기다리고 있던 이의방과 이고가 외쳤어요.

"문신 놈들은 모조리 죽여라!"

명령과 함께 병사들이 달려 나와 닥치는 대로 문신들의 목을 베었어요. 뒤늦게 사태를 깨달은 한뢰가 울며불며 매달렸지요. 한뢰는 왕의 도포

자락 뒤에 숨어서 살려 달라고 발버둥 쳤어요.

"장군! 죽을죄를 지었습니다. 살려 주십시오."

그러나 이고가 단칼에 한뢰의 목을 베었어요.

정중부는 곧 군사들을 이끌고 궁궐로 달려갔어요. 그리고 궐 안에 남아 있던 문신들까지 찾아내 목을 베었어요. 정중부는 곧 의종을 임금 자리에서 내리고, 의종의 아우를(명종, 19대) 내세웠어요.

반란에 성공한 정중부는 중방에서 나랏일을 보았지요. 고려의 조정은 무신들의 세상이 되었어요.

중방

무신들이 군사에 관한 일을 의논하던 기관이야.

그렇다고 나라 안이 안정된 것은 아니었어요. 권력을 한손에 넣은 무신들끼리 다투기 시작했거든요. 이고, 이의방, 정중부, 경대승, 이의민은 연이어 상대를 죽이고 권력을 잡았어요. 그러던 차에 이의민이 최충헌 가문과 사소한 싸움을 벌였고, 결국 최충헌이 보낸 자객에게 죽임을 당하고 말았답니다.

이제 권력은 최충헌 차지였어요. 최충헌과 그 가문 사람들은 무려 60여 년 동안이나 고려 조정을 손안에 쥐고 흔들었지요.

최충헌

고려 후기의 무신으로 1196년 이후 이의민을 없애고 1219년까지 정권을 잡았어.

몽골, 고려를 침략하다

고려가 무인들의 싸움으로 혼란을 겪고 있을 때, 북쪽 국경 너머 먼 대륙에서는 몽골족 추장 칭기즈 칸이 부족을 모아 나라를 세우고, 요나라와 금나라를 차례로 정복했어요. 그들은 송나라까지 휩쓴 뒤, 마침내 고려 쪽으로 말 머리를 돌렸어요.

1225년, 몽골의 사신 저고여가 고려에 왔다가 국경에서 살해를 당하는 사건이 발생했어요. 고려 사람으로 가장한 여진족 무리가 고려와 몽골 사이를 갈라 놓으려고 꾸민 짓이었지요. 하지만 몽골에서는 이 사건으로 고려를 탓했어요. 침략의 구실을 만든 것이지요.

1231년, 마침내 몽골 장수 살리타가 압록강을 건너왔어요. 몽골이 고려를 공격하기 시작한 거예요. 그들은 단숨에 의주성과 철주성을 함락시키고 귀주성을 포위했어요. 그러고는 쉴 새 없이 불화살을 쏘아 대고, 끊임없이 귀주성 성벽을 기어올랐지요.

그러나 귀주성을 지키고 있던 무신 박서는 몽골군의 거센 공격을 모두 막아 냈어요. 몽골 장수 살리타가 사로잡은 고려의 포로를 데려와 설득하고 협박도 했지만 소용이 없었어요. 살리타는 하는 수 없이 귀주성을 포기하고 개경(개성)으로 갔어요.

귀주성과는 달리 개경의 고려 조정은 몽골군의 진격에 깜짝 놀라 몽골에게 화해하고 친하게 지내자는 뜻을 전했어요.

"우리 고려는 몽골에 황금과 보석을 바치겠습니다. 두 나라가 형제가 되기를 바랍니다."

그러자 몽골군은 고려의 서북쪽 성 40곳에 다루가치를 남겨 두고 돌아갔지요.

살리타

'눈이 쌓인 봉우리'란 뜻의 이름이야. 화살을 잘 쏘아 칭기즈 칸에게 인정을 받았어.

신비로운 고려 청자
고려에서는 10세기경부터 청자를 만들기 시작했다. 당시 청자 굽기는 첨단 기술이어서 송과 고려만 할 수 있었다. 이 청자는 국보 116호로 지정되었다.

다루가치

몽골에서 점령한 나라를 다스리도록 보낸 관리야.

신라 선덕여왕 때에 지어졌어. 아홉 개의 층은 이웃 나라를 뜻했다고 해.

하지만 고려가 원에 공물을 바치는 일은 매우 힘겨웠어요. 게다가 몽골이 다시 침입해 올 거란 소식까지 들려왔지요.

결국 고려는 바다 위 싸움에 약한 몽골에 맞서고자 도읍을 강화도로 옮기고 끝까지 저항하기로 했어요. 한편 몽골은 그런 고려가 괘씸했어요.

서경에서 고려의 병사들이 몽골과 다루가치를 습격하는 사건이 벌어지자 몽골은 이것을 핑계 삼아 다시 고려 땅을 침략했지요(1232년).

몽골군은 고려의 개경, 한양산성 등 여러 마을을 불태우고 오늘날 경기도 용인의 처인성까지 내려왔어요.

승려 김윤후와 고려 백성들은 힘을 모아 몽골군에 저항했어요. 끝내 살리타는 김윤후의 화살에 맞아 목숨을 잃었지요. 이것이 바로 처인성 전투였어요.

3년 뒤, 몽골군은 다시 고려를 침략했어요. 이번에는 오늘날의 경주인 서라벌까지 내려가 황룡사 9층 목탑을 불살랐어요.

게다가 해인사에 보관 중이던 대장경판까지 불태워 버렸지요.

이후에도 몽골군은 몇 번이나 더 고려를 쳐들어왔어요. 고려의 고종(23대, 1213~1259년)은 지칠대로 지쳐 몽골군의 요구대로 개경으로 되돌아오려 했어요. 하지만 최씨 정권의 무신들은 고종의 생각에 반대했어요. 끝까지 몽골군과 싸워 나라를 지키려고 했지요.

그러나 더 이상 버티기는 무리였어요. 땅이 못 쓰게 되고, 백성들은 굶어 죽었지요. 전쟁을 치러 낼 물건도, 병사도 없었어요.

1270년, 마침내 고려의 임금 원종(24대, 1260~1274년)은 몽골로 달려가서 쿠빌라이(원나라 세조)를 만나 사이좋게 지내기로 약속했어요. 그리고 도읍을 다시 개경으로 옮겼어요. 몽골에 무릎을 꿇더라도 더 이상 전쟁을 해서는 안 된다는 생각에서였지요.

하지만 이때, 끝내 항복을 거부한 사람들이 있었어요. 바로 무신 정권의 부대, 삼별초의 장수들이었어요.

"절대 몽골 오랑캐에게 항복할 수는 없습니다. 끝까지 싸워야 합니다."

몽골을 물리치려 만든 팔만대장경
고려 사람들은 부처님의 힘으로 몽골을 물리치길 바라며 팔만대장경을 새겼다. 사진은 그것을 인쇄한 것이다.

삼별초

최이가 만든 군대 좌별초, 우별초와 포로 출신 부대 신의군을 합쳐 부른 이름이야.

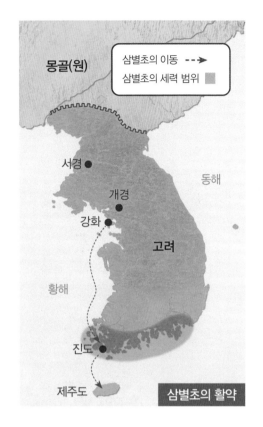

몽골(원)

삼별초의 이동 --→
삼별초의 세력 범위

서경 ●

개경 ●
강화 ●

고려

동해

황해

진도 ●

삼별초의 활약

제주도

🗣️ 배중손

고려 말기의 장군이야. 몽골
에 맞서 삼별초를 이끌었어.

🗣️ 토벌군

무력으로 상대를 없애러 나
선 군대를 말해.

🗣️ 승화후온

고려 후기의 왕족인데, 배중
손이 억지로 왕으로 올려 삼
별초의 지도자가 되었지.

더 망설일 것이 없었어요. 배중손과 삼별초 군사들은 즉시 강화도를 떠나 남쪽의 진도로 활동 중심지를 옮겼어요. 그러자 조정에서는 삼별초의 행동을 반란이라고 몰아붙였어요. 곧 토벌군까지 내려보냈지요. 원나라 장수들까지 함께 말이에요.

삼별초 병사들은 죽을 각오로 토벌군에 덤벼들었어요. 결국 토벌군은 삼별초의 공격에 큰 피해를 입고 물러났어요.

삼별초는 진도에서 가까운 남해안 지역을 손에 넣고, 제주도까지 점령했어요. 그러나 토벌군이 다시 들이닥쳤어요.

"싸워라! 물러서면 안 된다. 고려를 지키자!"

배중손은 파도처럼 밀려오는 토벌군과 싸우며 삼별초 병사들에게 외쳤어요. 하지만 전투 중에 토벌군이 쏜 화살이 배중손의 가슴에 박혔어요.

지도자를 잃은 삼별초는 진도를 토벌군에게 내주고 말았어요. 삼별초군 1만 명이 포로로 붙잡혔지요. 게다가 왕으로 모셨던 승화후 온도 붙잡혀 죽임을 당하고 말았어요.

그럼에도 불구하고 삼별초는 활동 중심지를 제주로 옮겨 계속 저항했어요.

고려군과 원나라군이 힘을 합친 토벌군이 마침내 제주에 상륙했어요. 이미 많은 병력을 잃은 삼별초군은 두 배 이상 많은 토벌군에게 상대가 되지 않았지요.

삼별초군은 더 이상 버틸 수가 없었어요. 삼별초의 저항이 끝이 나자 고려는 완전히 원나라의 손아귀에 넘어갔어요. 고려는 그후 오랫동안 원의 지배를 받는 처지가 되고 말았답니다.

일본 가마쿠라 막부의 등장

원정 정치 이후, 일본 조정은 천황을 지지하는 쪽과 상황(이전 천황)을 지지하는 쪽이 날카롭게 맞섰어요. 특히 타이라 가문이 천황 쪽을, 미나모토 가문이 상황 쪽을 지지하면서 크게 싸웠지요. 이 싸움을 헤이지의 난(126쪽)이라고 하는데, 이때 미나모토 가문이 대부분 죽임을 당하고, 열세 살이었던 아들 요리토모(129쪽)는 먼 지방으로 보내졌어요. 또한 두 살짜리 아들 요시츠네(129쪽)는 강제로 승려가 되어야 했어요.

 원정

이전 천황(상황)이 현재 천황의 보호자 자격으로 계속 실제 권력을 잡고 있는 정치 형태야.

**천황과 상황의 힘겨루기,
헤이지의 난**
1159년 교토에서 천황을
따르는 무리와 상황을 따르는
무리가 벌인 싸움이다.

헤이지의 난 이후 정권을 잡은 타이라 가문은 조정의 관리를 대부분 가까운 가족으로 채우고 힘을 키웠어요. 천황과 상황도 어쩔 수 없을 만큼 힘이 세졌지요. 타이라 가문의 지도자 기요모리는 둘째 딸을 천황에게 시집보냈는데, 그 딸이 낳은 아들이 천황이 되는 바람에 그 힘이 하늘을 찌를 듯했어요.

그런데 타이라 가문은 헤이지의 난 때, 자신에게 도움을 주었던 무사들을 돌보지 않았어요. 공이 있는 무사들에게 상을 내리고 벼슬을 주기는커녕 오히려 무사들이 불만을 터뜨리지 않을까 감시하기에 바빴지요.

그러자, 타이라 가문에 대한 무사들의 불만이 차츰 높아졌어요. 또 헤이지의 난에서 밀려 먼 곳으로 보내 졌던 미나모토 가문의 요리토모가 서서히 힘을 키우고 있었어요.

　요리토모는 타이라 가문과 대결하기 위해 자신을 따르는 무사를 이끌고 가마쿠라 지방에 머물렀어요. 때마침 두 살 때 끌려가 억지로 승려가 되었던 요리토모의 동생 요시츠네도 무술이 뛰어난 무사가 되어 형을 찾아왔지요.

　여기에 더하여 요리토모의 사촌 동생 요시나카 역시 군사를 일으켜 교토로 향했어요. 요시나카는 타이라 가문의 10만 병사들과 교토 인근의 한 산에서 맞부딪쳤지요. 이때 병사의 수가 적었던 요시나카는 꾀를 냈어요.

　"황소의 뿔에 횃불을 매달아 적진으로 달리게 하라!"

　횃불을 머리에 단 황소 떼가 미친 듯이 달리며 타이라 가문 병사들 속을 휘저어 댔어요. 그 때문에 타이라 가문 병사들이 흐트러졌어요.

교토를 점령한 미나모토 요시나카
헤이안 말기인 1154년에 태어나 타이라 가문을 무찌르는 데 큰 공을 세웠다. 1184년 서른한 살의 나이로 죽임을 당했다.

　요시나카는 이때를 놓치지 않았어요. 요시나카는 군사들을 이끌고 적을 골짜기 끝으로 몰아붙였어요. 결국 타이라 가문의 병사들 절반은 요시나카 군사들이 휘두른 칼에 죽었고, 나머지 절반은 골짜기에 떨어져 목숨을 잃었지요.

　마침내 요시나카는 교토를 점령했고, 거리에는 미나모토 가문을 상징하는 흰색 깃발이 나부꼈어요.

　하지만 요시나카는 성질이 급하고 포악했어요. 귀족들을 함부로 대했고, 물러난 천황의 궁전을 불사르기도 했어요. 그 때문에 조정의 눈밖에 났고, 결국 요시나카는 요리토모와 요시츠네의 형제에게 목숨을 잃고 말았답니다.

　한편 타이라 가문의 지도자들은 서쪽으로 도망쳐 히

코시마섬으로 달아나 있었어요. 요시츠네는 이들을 공격하여 타이라 가문의 장수 대부분을 없앴어요.

요시츠네는 큰 환영을 받으며 교토로 돌아왔어요. 하지만 요리토모는 차가웠어요. 친동생 요시츠네를 부하처럼 다루며 멀리했지요. 용감하게 전투에 나가 승리한 요시츠네가 백성들에게 더 인기 있었고, 무사들도 요시츠네를 더 믿고 따랐기 때문이에요. 심지어 이전 천황인 법황도 요시츠네를 더욱 믿었어요.

요리토모는 요시츠네가 가마쿠라로 찾아와도 만나 주지 않았어요.

요시츠네는 군사 300명만을 거느리고 홀연히 사라졌어요. 요리토모는 뒤탈을 없애기 위해 요시츠네를 체포하라고 명령을 내렸지요. 마침내 지방의 한 힘 있는 세력가가 요시츠네를 발견했어요. 군사들이 들이닥치자 요시츠네는 스스로 목숨을 끊고 말았어요. 수년 동안 계속되었던 나라 안 싸움이 끝난 거예요.

**헤이안 시대를 끝낸
무사 요리토모(위)와 요시츠네(아래)**
요리토모는 동생을 밀어 내고
가마쿠라 막부 시대를 열었다.

쇼군

한자로 '장군 將軍'이라 쓰
며, 막부의 우두머리를 말해.

막부

원래 장군이 머물고 있는 막
사를 뜻해. 요리토모가 머문
곳이 가마쿠라였기 때문에
이 시대를 가마쿠라 막부 시
대라고 해.

싯켄 정치

스스로 막부의 후견인이라
부르며 쇼군을 대신해 정치
하는 것을 말해.

사실상 천황은 허수아비에 불과했고, 실질적인 권력
은 가마쿠라에 있는 요리토모에게 돌아갔어요. 요리토
모는 천황을 대신해 전국을 다스렸어요. 요리토모는 장
군이라는 뜻의 쇼군이라고 불렸어요. 가마쿠라 막부의
무사 정치가 시작된 것이지요.

하지만 1199년 1월 요리토모가 말에서 떨어지는 사
고로 죽으면서 다시 혼란이 찾아왔어요. 요리토모의 뒤
를 이어 그 아들 요리이에가 새 쇼군이 되었는데, 곧
부하에게 죽임을 당하고 말았어요. 세 번째 쇼군이 된
사네토모 역시 조카에게 죽임을 당했지요.

그러는 사이 요리이에의 외할아버지 호조 도키마사
가 막부의 쇼군을 대신해 권력을 잡았어요. 이를 싯켄
정치라고 불러요.

도키마사의 아들 요시토키 대에까지 싯켄 정치가 이
어졌어요. 요시토키는 막부 세력을 억누르려는 천황 세
력의 시도를 매번 물리쳤지요. 그 아들 야스토키는 무
사의 도리에 대해 법률까지 만들었어요.

이후 야스토키의 손자 도키요리가 싯켄이 되어 가마
쿠라 막부는 전성기를 맞이했답니다.

일본 무로마치 막부의 등장

1260년, 이미 아시아의 초원을 휩쓸고 그 세력을 유럽까지 뻗친 몽골은 고려를 넘어 일본 열도까지 넘보았어요. 칭기즈 칸의 손자 쿠빌라이는 나라 이름을 '원'이라고 고친 뒤에 고려를 통해 일본에 사신을 보내왔어요.

"우리 원나라에 조공을 바치시오."

하지만 가마쿠라 막부는 이를 거절했어요. 대신 막부는 몽골군이 침입할 만한 곳에 성을 쌓고, 전쟁 준비를 서둘렀어요. 그러자 1274년 10월, 몽골과 고려의 연합군 3만 3천 명이 일본을 치러 나섰지요. 연합군은 쓰시마(대마도)와 이키섬을 점령했어요. 이어 규슈의 하카타 만에 상륙하여 일본 무사들을 모조리 없앴지요. 한 사람과 한 사람이 맞서는 전투에만 익숙했던 무사들은 몽골군의 뛰어난 무기를 당해 낼 수가 없었어요.

싸움을 치르고 몽골군이 다시 배로 물러났는데, 그날 밤 태풍이 몰아닥치는 바람에 몽골군의 함선 절반 이상이 부서지고 말았어요. 이때 물에 빠져 죽은 몽골군만 1만 3천 명에 이르렀지요. 몽골군은 하는 수 없이 되돌아갔어요.

열도

길게 줄을 지어 늘어선 섬들을 말해.

조공

종속국이 때를 맞춰 종주국에 바치던 예물이야.

그러나 몽골군은 1281년, 1차 침공 때보다 다섯 배나 많은 군사로 다시 쳐들어왔어요. 그런데 정말 신이 도운 걸까요? 이번에도 태풍이 급작스럽게 몰아닥쳐 몽골군의 함선 대부분이 부서졌어요. 그 때문에 10만이 넘는 몽골군 중에서 고작 3만 명의 병사 만이 살아 돌아갔어요.

　　"신이 보내 준 바람으로 전쟁에서 이겼다!"

　　일본 사람들은 이때 불어 닥친 태풍을 '신의 바람(신풍)'이라 불렀어요.

　　그러나 얼마 지나지 않아 가마쿠라 막부에 진짜 위기가 닥쳤어요.

　　"왜 우리에게는 아무 상도 내려 주지 않습니까?"

　　무사들이 웅성거렸어요. 자신들의 땅까지 전쟁 비용으로 내놓으면서 전쟁에 참가했는데, 전쟁 후에 아무런

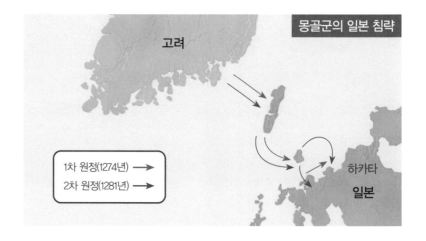

보상도 받지 못했거든요. 몽골과의 전쟁에서 아무 것도 얻어낸 것이 없기 때문이긴 했지만, 무사들은 가진 재산을 모두 잃을 위기에 놓였어요.

마침내 무사들이 불만을 참지 못하고 곳곳에서 반란을 일으 켰어요. 이들은 힘센 무사였던 아시카가 다카우지 아래로 모여들 었어요. 그러고는 교토까지 점령해 버렸 어요. 그러자 더 많은 무사들이 교토로 모여들었고, 마 침내 가마쿠라 막부를 지키고 있던 호조 가문의 사람 들을 무너뜨렸어요. 그럼으로써 가마쿠라 막부가 문을 닫았지요.

그런데 이때, 뜻밖의 일이 생겼어요. 다카우지가 자 신을 중심으로 하는 새로운 무사 정권을 수립하려는데, 당시 천황이었던 고다이고가 새치기를 했어요. 오래도 록 무사들이 차지했던 권력을 다시 천황이 갖기 위해 개혁을 시도한 것이지요.

천황은 재빨리 조정의 관리들을 갈아치운 다음, 관백 과 원정을 중지했어요. 다행히 천황을 따르는 무사들이 있어 천황의 왕정복고는 성공을 거두는 듯했어요.

가마쿠라 막부를 끝낸 아시카가 다카우지
가마쿠라 시대 말기, 남북조 시대의 무장이다. 무로마치 막부를 열었다.

관백
- - - - - - - - - - - - - - - - - - -
나랏일 전체를 돌보며 이와 관련된 모든 서류를 검토하 여 천황에게 알리던 관리야.

왕정복고
- - - - - - - - - - - - - - - - - - -
왕이 다스리는 정치로 돌아 가는 일을 말해.

무로마치 막부 시대의 건축물 킨카쿠지
무로마치 막부 시대를 대표하는 건축물이다. 금박을 입힌 누각 때문에 금각사라고도 불린다. 유네스코 세계문화유산으로 지정되어 있다.

하지만 고다이고 천황은 따르던 무사들을 무시하고 자신의 뜻대로만 조정의 일을 처리하려 했어요.

그 때문에 천황과 조정의 신하들은 점차 무사들과 사이가 벌어졌어요. 마침내 무사들은 천황에게 완전히 등을 돌리고 말았지요.

무사들은 다시 다카우지 밑으로 모여들었어요. 그러자 고다이고 천황의 아들 모리나가가 이를 눈치채고 군사를 모아 다카우지를 공격했어요. 하지만 싸움에 노련한 다카우지가 승리를 거두었고, 모리나가는 가마쿠라로 보내졌지요. 이어 다카우지는 군사를 이끌고 교토를 다시 점령한 뒤 고다이고 천황을 천황 자리에서 내렸어요. 그리고 고메이 천황을 새로 올렸지요. 이어 다카우지는 새 천황으로부터 쇼군에 임명되었고, 새 막부를 세웠어요. 바로 무로마치 막부였어요.

하지만 고다이고 천황도 힘없이 지켜보고만 있지는 않았어요. 고다이고 천황은 얼마 후(1366년), 여자로 변장을 한 뒤 요시노산으로 탈출했어요. 그리고 무로마

🙂 **무로마치 막부**

훗날 다카우지의 후손인 요시미쓰가 교토 지방의 무로마치에 막부를 세웠기 때문에 이렇게 불러.

치 막부에 참여하지 않은 무사들을 모아 새로운 정치 세력을 세웠어요. 그럼으로써 일본 땅에는 두 개의 정부가 들어선 셈이 되었어요.

그래서 북쪽의 무로마치 막부 세력을 북조, 고다이고 천황을 중심으로 하는 세력을 남조라 불러요. 이때 남조는 지방 무사들의 도움을 얻어 북조 세력과 끊임없이 싸움을 벌였어요. 그러나 힘이 밀린 남조는 싸움에서 자꾸 졌고, 그러는 중에 고다이고 천황은 병에 걸려 세상을 떠나고 말았지요. 남조는 빠르게 약해졌어요.

북조도 다카우지의 형제들 사이에 싸움이 일어나는 등 안정되지 않았지요.

그러던 1392년, 무로마치 막부의 3대 쇼군인 요시미쓰가 남조에 화해하자는 뜻을 전했어요. 이때 남조는 백성들이 굶주림에 허덕이는 등 어려움을 겪고 있었어요. 당시 남조의 천황이었던 고카메야마 천황은 하는 수 없이 북조의 고코마츠 천황을 찾아갔어요.

"천황의 자리를 고코마츠에게 양위합니다."

이로써 56년 동안이나 남북으로 갈라져 있던 조정이 하나로 합쳐졌답니다.

왕정복고를 꿈꾼 고다이고 천황
일본의 96대 천황으로 1318년부터 1339년까지 왕위에 있었다고 전해진다.

🗣 양위

임금의 자리를 물려주는 일을 말해.

막부 시대의 불교문화

🧑 섭관 정치!

귀족 가문 사람이 어린 천황을 대신해 나라를 다스리다가(섭정) 천황이 자란 뒤 관백이란 이름으로 간섭을 했던 정치야.

🧑 호넨

호넨은 원래 무사의 아들이었어. 아버지의 뜻대로 13세 때 승려가 되었지.

"이 불안한 세상, 도대체 어디에 마음을 두어야 할지 모르겠어요!"

고대 이후 무사가 등장하고, 섭관 정치와 원정 정치에 이어 막부가 세워지면서, 일본 사회는 빠르고 복잡하게 바뀌었어요. 그러는 동안 백성들은 여러 번 전쟁에 휘말리며 크나 큰 시련에 맞부딪쳤지요. 여기에 자연재해까지 수시로 닥쳐 불안함이 이루 말할 수 없이 컸어요.

이때, 승려 호넨이 나타나 이렇게 말했어요.

"사람은 누구든지 한결같은 마음으로 나무아미타불이라고 외치고 도를 닦으면 구원을 받을 수 있습니다!"

물론 이미 일본에도 불교가 알려져 있었으나, 이때까지 불교는 귀족들 차지였어요.

가마쿠라 시대 사람들
불안한 당시 사람들은 호넨의 가르침을 통해 불교에 기댔다.

그래서 호넨은 1175년부터 정토종이라 이름 붙인 새로운 불교를 백성들에게 알리기 시작한 것이에요.

백성들은 정토종을 크게 환영했어요. 전쟁과 재난으로 늘 불안에 시달리던 많은 백성들이 정토종을 믿고 따르기 시작했지요. 호넨을 찾아 제자가 되겠다는 사람도 많았어요.

이전에 불교를 이끌어 가던 승려들이 조정의 힘을 빌어 호넨과 정토종을 탄압하기도 했어요. 그럼에도 불구하고 호넨을 찾아오는 신자들이 줄을 이었어요. 호넨은 80세가 되던 해에 세상을 떠났어요.

정토종은 이후에도 계속 커졌어요. 호넨의 제자들이 전국을 떠돌며 호넨의 사상을 알렸지요. 호넨의 정토종은 농민들과 무사들의 지지를 꾸준히 받으며 널리 퍼졌어요.

정토종

불교의 한 종파야. 진실한 마음으로 아미타불의 이름만 불러도 불교의 극락인 정토에 이른다고 하지.

탄압

권력이나 힘으로 억눌러 꼼짝 못하게 하는 일이야.

**가마쿠라 막부 시대
불교 수호신의 두상**
대부분의 절마다 부처의
나라와 그 법을 지킨다는
수호신을 새겼다.

특히 호넨의 제자 신란은 '단 한 번만 아미타불을 불러도 구원에 이를 수 있다!'고 외치기도 했어요. 많은 사람들이 그의 말을 좋아했어요.

이에 옛 불교의 승려 몇몇도 귀족들 사이에만 머물러 있지 않고, 백성들 틈으로 나서기 시작했어요. 특히 료칸과 같은 승려는 병에 걸린 사람과 거지를 돌보고 고아를 보살피기도 했어요.

이처럼 가마쿠라 시대의 불교는 점차 서민 속으로 스며들면서 백성들은 물론 무사들에게도 많은 감동을 주었어요.

부처의 힘으로 적을 물리치자!

팔만대장경판은 고려 고종 23년부터 총 16년에 걸쳐 만들어졌어요. 부처님의 가르침이 그대로 담긴 불경을 모아 새겼지요. 불교를 나라의 기둥으로 삼던 고려 사람들은 이렇게 불경을 새겨 몽골의 침입으로부터 나라와 백성들을 지키려 했답니다. 전국에서 선발된 불교인과 서예가, 목수, 학자들이 팔만대장경판을 만드는 데 참여했다고 해요. 팔만대장경판은 오늘날 우리나라의 국보 32호로 지정되어 있으며, 유네스코 세계기록유산에도 올라 있답니다.

이때 불상의 모습이 변하기 시작했어요. 이전까지의 불상은 대부분 표정이 매우 부드러웠어요. 하지만 가마쿠라 막부 시대의 불상은 매우 강한 인상을 주었어요. 특히 도다이지 입구의 금강역사상은 그 특징을 잘 보여 줘요. 울퉁불퉁 발달한 근육과 험악해 보이는 얼굴이 강한 인상을 풍기지요.

또한 불교가 그랬듯이 귀족 계층에서 불리던 와카 노래도 점차 서민 계층까지 흘러들었어요. 특히 승려이자 시인인 사이교가 처음으로 서민을 위한 와카를 불러 널리 알려졌지요.

코리아란 우리나라 이름이 고려 시대 때 세계로 알려졌대.

도다이지
원래 나라 시대에 지어진 절이야. 가마쿠라 시대에 재건축되었어.

금강역사
불법을 지키는 수호신이야.

와카
일본의 전통 시야. 일본의 사계절과 사랑을 노래했지.

고려풍과 몽골풍

요즘 고려 옷이 예쁘더군요.

난 이미 샀다우.

몽골 사람들은 떡 같은 고려의 음식을 즐겨 먹었어요.

고려 청자는 원에 수출되었어요.

몽골(원나라)이 다스리는 동안 몽골로 끌려가는
고려 여인들이 늘어나면서 몽골에 고려의 풍습이 전해졌어요.
이것을 '고려풍' 또는 '고려양'이라고 해요.
몽골 사람들은 고려의 옷을 따라 입기도 했어요.

고려에서 담배와 같은 물건도 전해졌어요.

몽골(원나라)이 다스리는 동안,
고려에는 몽골의 풍습이 퍼지게 되었어요.
이를 몽골풍이라고 해요.
마마(왕과 왕비), 무수리(궁녀) 같은 말이나,
벼슬아치, 장사치 같은 단어의 '~치'도 몽골에서 왔어요.
몽골 사람들이 정복지를 다스리기 위해 만든
'다루가치'라는 벼슬 이름에서 온 말이거든요.

몽골풍

설렁탕, 소주 같은 음식도
몽골에서 왔답니다.

신부가 쪽진 머리 뒤에 늘어뜨리는
도투락댕기도 몽골에서 비롯되었지요.

몽골 사람이 하던 변발이라는 머리형이
잠깐 유행하기도 했어요.

몽골 물건,
고려 물건
다 있어요!

찾아보기

사진 자료 사용에 도움을 주신 곳

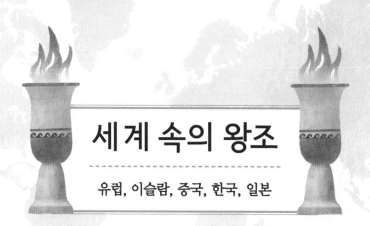

세계 속의 왕조

유럽, 이슬람, 중국, 한국, 일본

신성 로마 제국

왕 ── 하인리히 4세 (1057년~1106년)

├ 하인리히 5세 (1106년~1125년)

└ 프리드리히 1세 (1152년~1190년)

비잔티움 제국

왕 ── 알렉시우스 1세 (1081년~1118년)

프랑스 왕국

왕
- 필리프 2세 (1180년~1223년)
- 필리프 4세 (1285년~1314년)
- 샤를 4세 (1322년~1328년)
- 필리프 6세 (1328년~1350년)
- 장 2세 (1350년~1364년)
- 샤를 7세 (1422년~1461년)

영국 왕국

왕
- 리처드 1세 (1189년~1199년)
- 에드워드 3세 (1327년~1377년)
- 리처드 2세 (1377년~1399년)

이슬람 세계

가즈나 왕조

술탄 – 마흐무드 (998년~1030년)

셀주크 튀르크

술탄 – 말리크샤 (1072년~1092년)

아이유브 왕조

술탄 – 살라딘 (1169년~1193년)

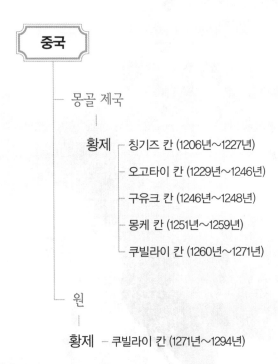

중국

└─ 몽골 제국
   │
   황제 ┬ 칭기즈 칸 (1206년~1227년)
        ├ 오고타이 칸 (1229년~1246년)
        ├ 구유크 칸 (1246년~1248년)
        ├ 몽케 칸 (1251년~1259년)
        └ 쿠빌라이 칸 (1260년~1271년)

└─ 원
   │
   황제 ─ 쿠빌라이 칸 (1271년~1294년)

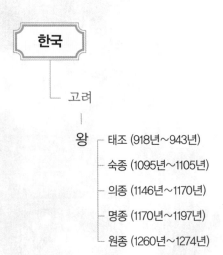

한국

└─ 고려
   │
   왕 ┬ 태조 (918년~943년)
      ├ 숙종 (1095년~1105년)
      ├ 의종 (1146년~1170년)
      ├ 명종 (1170년~1197년)
      └ 원종 (1260년~1274년)

일본

ㅡ 가마쿠라 막부 시대

　　　천황 ㅡ 고다이고 천황 (1318년~1333년)

ㅡ 겐무 신정 (왕정복고)

　　　천황 ㅡ 고다이고 천황 (1333년~1336년)

ㄴ 남북조 시대

　　　천황 ㅡ 고다이고 천황 (1336년~1339년)
　　　　　 ㅡ 고카메야마 천황 (1383년~1392년)
　　　　　 ㄴ 고코마츠 천황 (1382년~1412년)

*왕, 술탄, 황제, 천황 이름은 도서 내용에 포함된 것만 표기했습니다.

*이름 옆 괄호 안 연도는 그 자리에 있던 기간입니다.

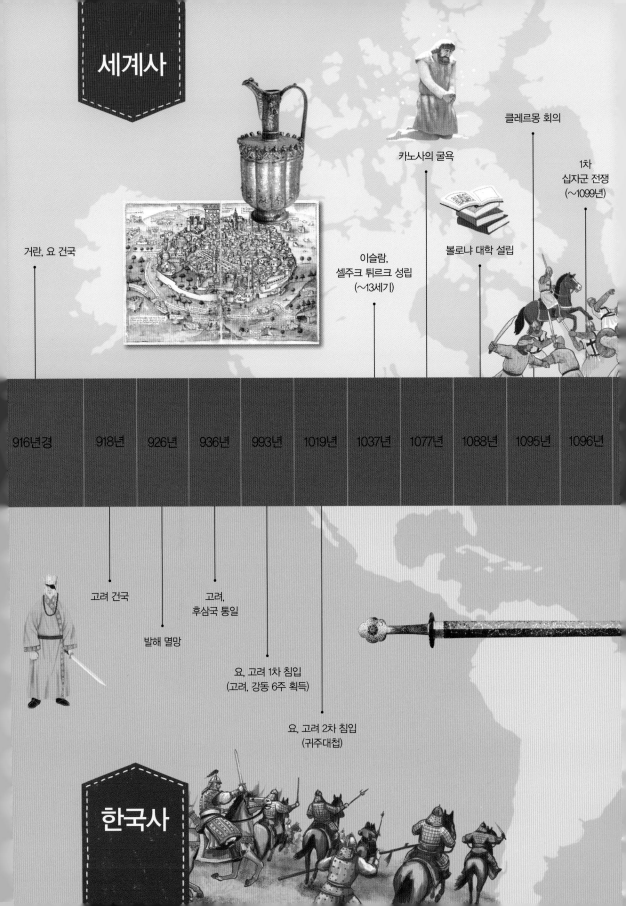

세계사

거란, 요 건국

이슬람,
셀주크 튀르크 성립
(~13세기)

카노사의 굴욕

볼로냐 대학 설립

클레르몽 회의

1차
십자군 전쟁
(~1099년)

916년경	918년	926년	936년	993년	1019년	1037년	1077년	1088년	1095년	1096년

고려 건국

발해 멸망

고려,
후삼국 통일

요, 고려 1차 침입
(고려, 강동 6주 획득)

요, 고려 2차 침입
(귀주대첩)

한국사

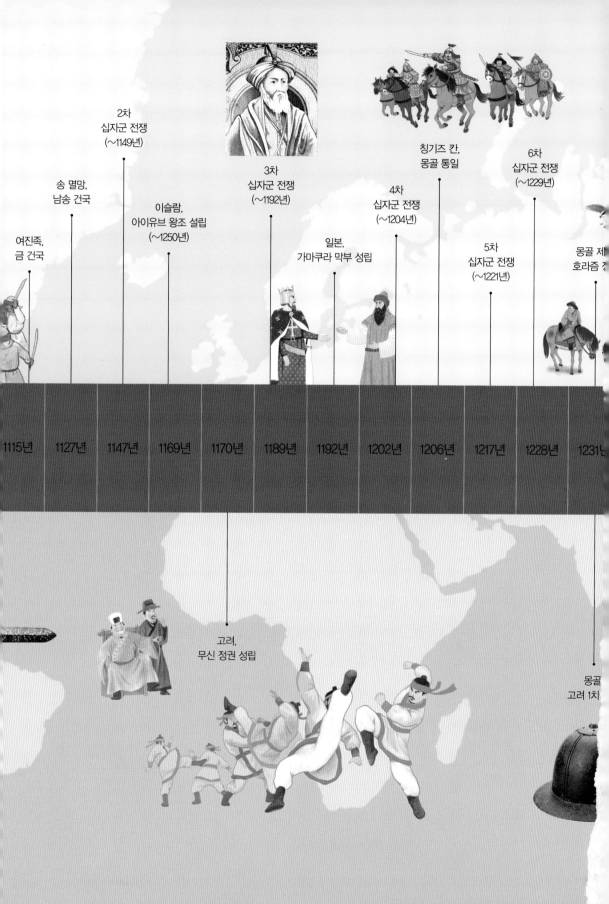

여진족,
금 건국

송 멸망,
남송 건국

2차
십자군 전쟁
(~1149년)

이슬람,
아이유브 왕조 설립
(~1250년)

3차
십자군 전쟁
(~1192년)

일본,
가마쿠라 막부 성립

4차
십자군 전쟁
(~1204년)

칭기즈 칸,
몽골 통일

5차
십자군 전쟁
(~1221년)

6차
십자군 전쟁
(~1229년)

몽골 제
호라즘 경

1115년　1127년　1147년　1169년　1170년　1189년　1192년　1202년　1206년　1217년　1228년　1231년

고려,
무신 정권 성립

몽골
고려 1차

연표로 보는 세계사의 흐름

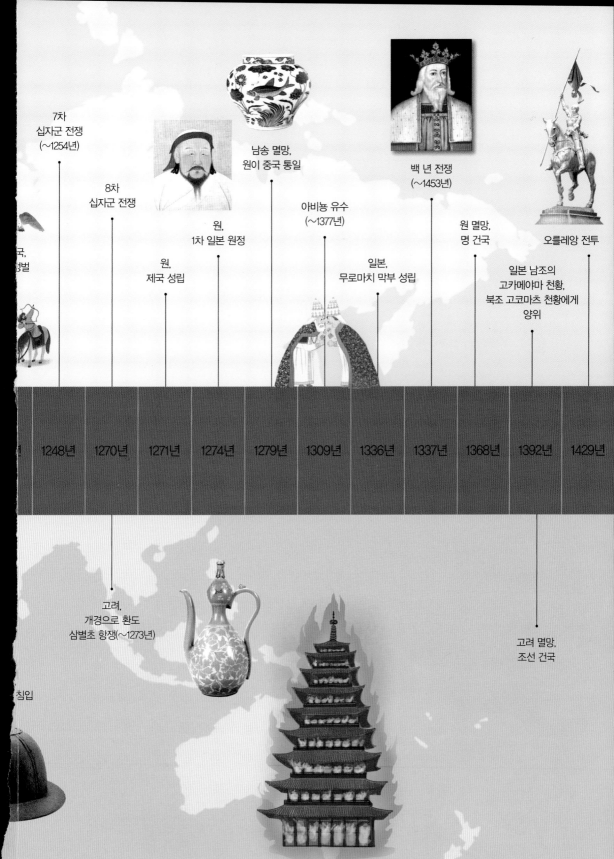

7차
십자군 전쟁
(~1254년)

8차
십자군 전쟁

남송 멸망,
원이 중국 통일

아비뇽 유수
(~1377년)

백 년 전쟁
(~1453년)

원,
1차 일본 원정

원,
제국 성립

일본,
무로마치 막부 성립

원 멸망,
명 건국

오를레앙 전투

일본 남조의
고카메야마 천황,
북조 고코마츠 천황에게
양위

1248년　1270년　1271년　1274년　1279년　1309년　1336년　1337년　1368년　1392년　1429년

고려,
개경으로 환도
삼별초 항쟁(~1273년)

고려 멸망,
조선 건국

침입